FALKEN BÜCHEREI

BUDO-BIBLIOTHEK
falken+ohara

Chong Lee

Dynamische Tritte

Grundlagen für den Zweikampf

FALKEN VERLAG

Weitere Bücher aus der Budo-Bibliothek finden Sie am Ende des Buches auf Seite 96.

Allen Budo-Kämpfern gewidmet

ISBN 3 8068 0438 9

Übersetzung: Manfred Pabst
Fotos: Ron Russo
Beratung H. Erich Hunt
Gesamtherstellung: Neuwieder Verlagsgesellschaft mbH, Neuwied

28043878X514 131 211 10

Inhalt

Vorwort

Von allen in den Kampfsportarten verwendeten Techniken sind wohl die Tritte am schwierigsten zu erlernen und zu perfektionieren. Da viele der dabei zum Einsatz kommenden Muskeln in den täglichen Bewegungen nicht beansprucht werden, ist auch die Gefahr der Verstauchung und Zerrung groß, gerade für den Anfänger. Ferner kann ein Kämpfer ohne entsprechende Lockerungs- und Dehnübungen große Versagungsängste entwickeln und glauben, vielleicht niemals Tritte zufriedenstellend ausführen zu können. Bei den meisten Lernenden, die das Treten als besonders schwierig empfinden, ist jedoch die Trittmethode zu verbessern und nicht der individuelle Körperbau hinderlich.

Trotz der Verschiedenheit der Tritte gibt es auch grundlegende physikalische Gesetzmäßigkeiten, basierend auf gewissen anatomischen Ähnlichkeiten aller Menschen, welche die Bewegungen bestimmen. Jedermann besitzt zwei Beine, die auf gewisse Art und Weise funktionieren und es existieren grundlegende Regeln, um diese Beine mit der größten Wirksamkeit und Kraft einsetzen zu können. Nicht alle Trittarten können in diesem Buch berücksichtigt werden; vielmehr soll das Charakteristische der bekannten Trittformen, die sich in den letzten fünf bis sieben Jahren im Rahmen des Freikampfs herausgebildet haben, aufgezeigt werden. Dadurch werden auch die grundlegenden physikalischen Gesetzmäßigkeiten und Regelprinzipien erklärt.

Chong Lee, bekannt als einer der ersten Trittspezialisten Amerikas, bietet die ideale Gelegenheit, die perfekte Trittbewegung ihrem Wesen nach zu studieren. Gleichwohl ist zu erwähnen, daß in diesem Buch alle von Chong Lee gezeigten Tritte in äußerstem Perfektionsgrad fotografisch festgehalten sind. Tritte werden beispielsweise nicht immer so hoch und zum Kopf hin ausgeführt. Es wird hier von der Voraussetzung ausgegangen, daß der Kopf das für den Fuß am schwierigsten zu erreichende Ziel ist. Wenn ein Kämpfer die Fähigkeit besitzt, seine Trittbewegung zum Kopf des Gegners hin zu beherrschen, so sind ihm auch die niedriger liegenden Ziele leicht zugänglich. Offensichtlich gilt das aber nicht im umgekehrten Fall. Ein gekonnt ausgeführter Tritt macht es möglich, Kraft auszuüben gegen ein beliebiges Ziel, das außerhalb der Reichweite der eigenen Hände liegt.

Die von Chong Lee gezeigten Tritte sind eine Folge exakter Bewegungen, die jeder Person mit durchschnittlicher Körperkonstitution die nötige Kraft verschaffen, wenn nur genügend Zeit und Geduld für das Training aufgewendet werden. Variationen der beschriebenen Tritte sind möglich, allerdings wird dabei oft die Kraft des jeweiligen Tritts vermindert.

Dehnübungen

Das vollständige Repertoire allein der Dehnübungen würde eine Buch füllen. Daher sollen hier nur die wichtigsten Übungen behandelt werden. Wichtig ist, daß die Bewegungen langsam ausgeführt werden. Maß muß ein Gefühl dafür entwickeln, wie sich die Muskeln dehnen und dann wieder sachte entspannen. Ebenso wichtig ist es, daß der Körper während der gesamten Übungszeit gelockert bleibt. Es hat keinen Sinn, nur einmal in der Woche oder nur jeden dritten Tag Dehnübungen durchzuführen. Am Anfang soll der Lernende versuchen, in jeder Position so lange wie möglich zu verharren und die Dehnung alle drei oder vier Stunden zu wiederholen, und das jeden Tag. Bevor man mit der Übung der Tritte beginnt, sollten alle Glieder des Körpers gelockert sein. Zusätzliche Zeit sollte man sich für das Lockern der Hüfte, der Knie und der Fußgelenke nehmen. Nach den Dehnübungen, bevor man an die Ausführung des eigentlichen Tritts geht, führt man die Trittbewegung erst einmal langsam aus und steigert sie dann allmählich bis zur vollen Kraftentfaltung.

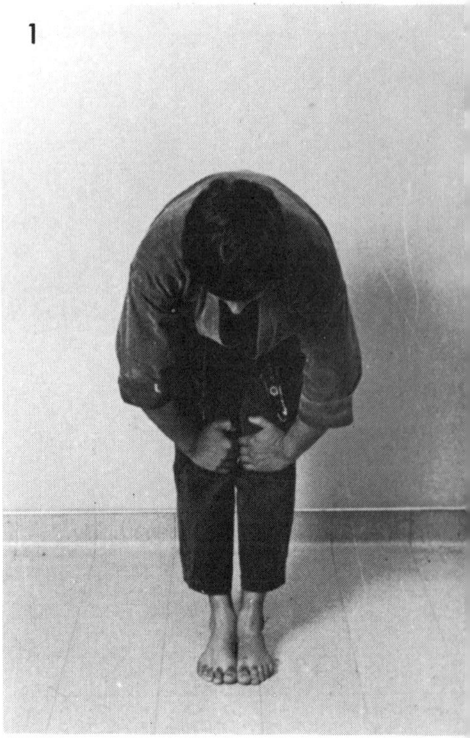

Kniebeugen

Mit geraden Beinen stehen, die Füße sind eng beeinander. Vornüberbeugen und Hände auf die Knie legen (1). Hände auf den Knien lassen, dabei in die Hocke gehen. Das Gleichgewicht auf den Fußballen halten (2). Dann wieder in die Ausgangsstellung zurückkehren, indem man die Knie durchstreckt (3). Diese Übung noch zehnmal wiederholen.

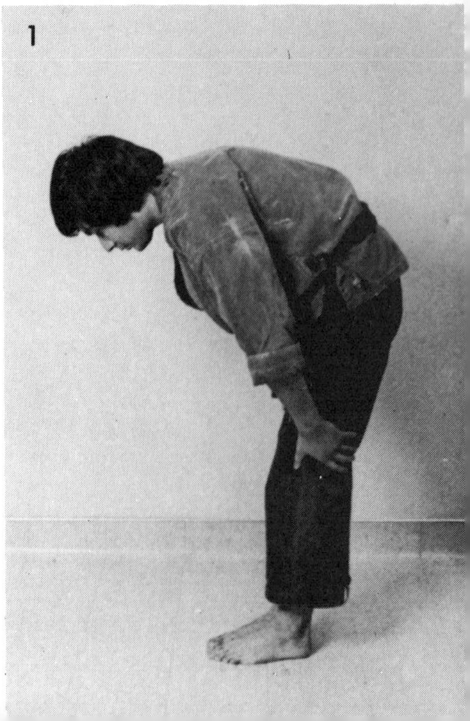

Rumpfbeugen aus dem Stand

Mit durchgestreckten Beinen stehen, die Füße sind eng beieinander. Vornüberbeugen, Hände an die Seiten der Knie legen (1). Dann mit den Händen an den Beinen heruntergleiten, dabei den Körper nach unten ziehen (2). Den Kopf so nah wie möglich an das Schienbein heranziehen. Knie dabei durchgedrückt lassen (3). In dieser Stellung so lang wie möglich verharren, dann wieder aufrichten. Diese Übung so lang wiederholen, bis die untere Rückenseite und die Oberschenkelmuskeln entspannt sind.

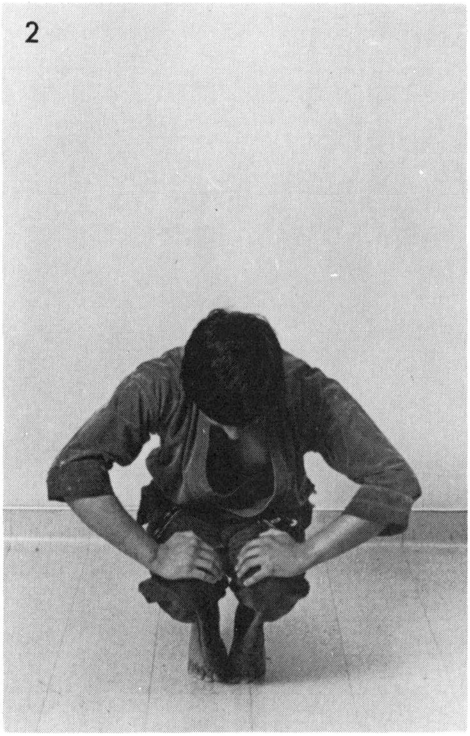
2

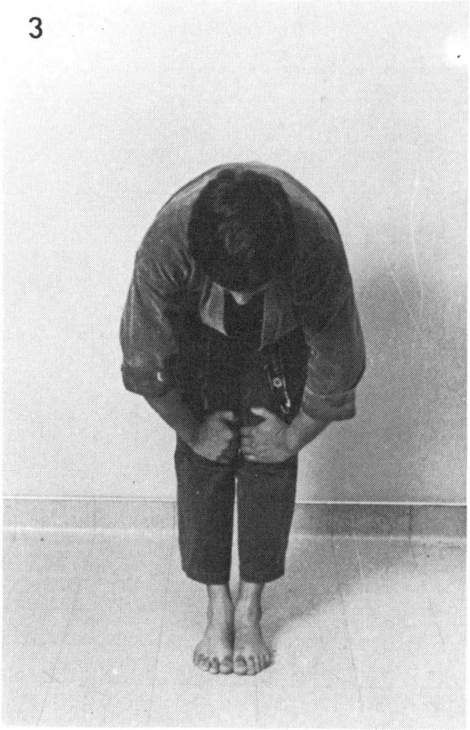
3

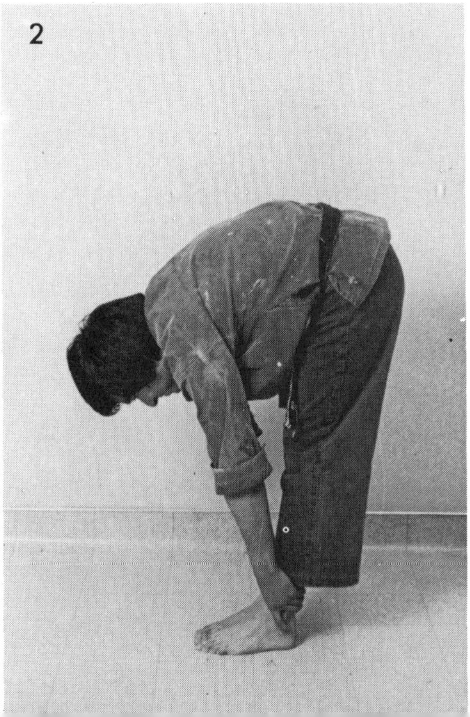
2

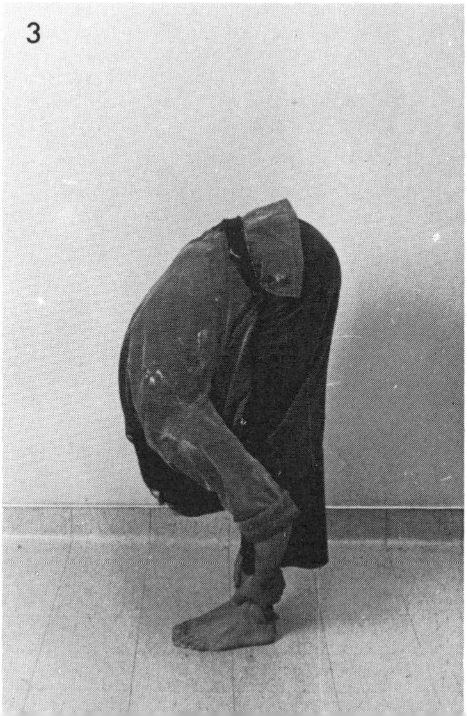
3

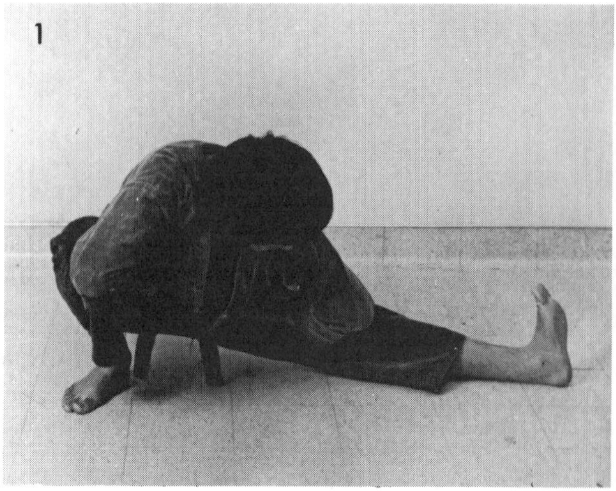

Gehockte Beinstreckung

Auf dem rechten Bein in die Hocke gehen und das linke Bein gerade zur Seite hin ausstrecken. Die Knie sind dabei durchgestreckt. Aus der Hüfte heraus nach vorn beugen (1). Auf das linke Bein hokken, das rechte Bein gerade zur Seite ausstrecken. Diese Übung wiederholen. Von einem Bein auf das andere wippen, bis Rücken und Beinmuskeln entspannt sind (2).

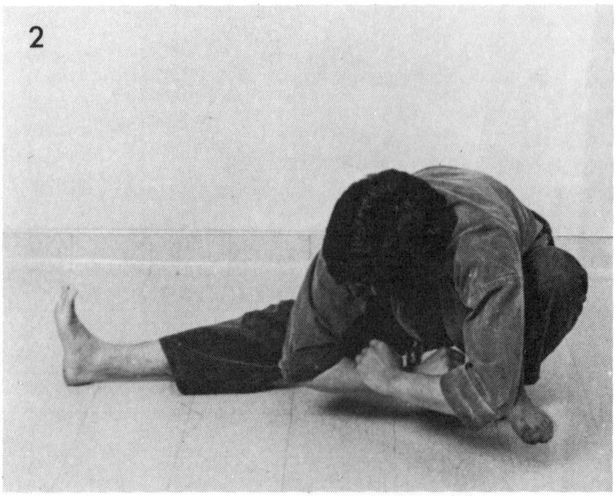

1

Einfacher Beinstrecksitz

Mit dem rechten ausgestreckten Bein auf den Boden setzen. Die Knie sind dabei durchgestreckt. Das linke Bein beugen und den linken Fuß auf das Ende des rechten Oberschenkels legen. Den rechten Fuß oder das rechte Bein unterhalb des Knies fassen und den Kopf beziehungsweise die Brust nach unten gegen das rechte Schienbein ziehen. Wenn möglich, das Knie mit der Nase berühren. In dieser Position so lang wie möglich verharren (1). Dieselbe Übung mit dem linken ausgestreckten Bein und dem rechten gebeugten Bein durchführen (2). Die Dehnung mit jedem Bein so lang wiederholen, bis die Rückseiten der Beine entspannt sind.

2

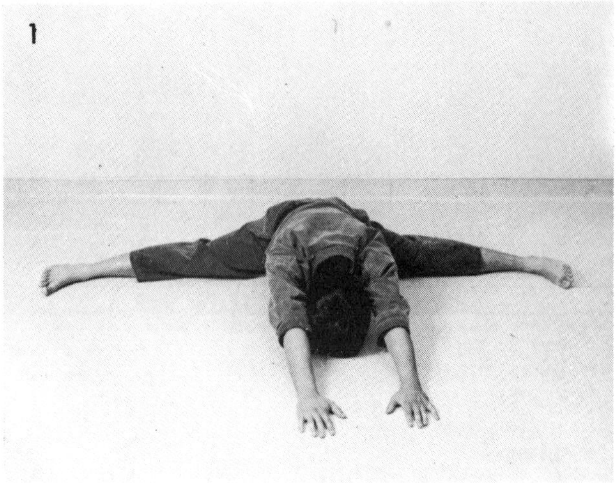

Grätschstrecksitz mit Rumpfvorbeugen

Mit gerade ausgestreckten Beinen auf den Boden setzen, Knie durchdrücken und dann Beine so weit wie möglich zur Seite spreizen. Von der Hüfte aus nach vorn beugen und Brust beziehungsweise Kopf so weit wie nur möglich nach unten zum Boden drücken (1). Ungefähr eine Minute in dieser Position verharren.

1

Spagatübung nach vorn

So weit wie nur möglich in eine gerade Spreizstellung gehen. Das linke Bein befindet sich dabei vorn, das rechte hinten. Die Innenseitenmuskeln der Beine zusammenziehen, als wolle man sich aus der Spreizstellung erheben. Dann die Muskeln wieder entspannen, um wieder tiefer in die Spreizstellung zu sinken. Abwechselnd die Muskeln anspannen und entspannen, damit man noch tiefer zum Boden herunterkommt (1). Dann den Körper herumdrehen, das rechte Bein nach vorn und das linke zurückstrecken (2). Diese Übung wiederholen.

2

1

Kniesitz mit Vorbeugen

(Knie- und Schenkelstreckung)

Mit angewinkelten Beinen und aneinandergepreßten Fußsohlen auf den Boden setzen. Die Knie so weit wie möglich zur Seite drücken. Die Füße mit den Händen fassen und den Kopf zu den Füßen ziehen (1). Etwa eine Minute in dieser Position verharren.

1

Ausbalancierte Seitwärtstrittstreckung

Das Gleichgewicht auf dem linken Bein halten und das rechte Bein nach oben ziehen. Das Knie ist angewinkelt. Gleichzeitig mit der rechten Hand das rechte Wadenbein fassen (1). Dann langsam das rechte Bein durchstrecken, dabei die rechte Hüfte nach vorn drehen. Das ausgestreckte Bein mit der rechten Hand hochhalten (2). Dieselbe Übung auch mit dem linken Bein ausführen. Eventuell auf die Mithilfe der Hand verzichten.

2

Die wichtigsten Grundregeln des Tretens

Wie schon erwähnt, basieren einheitliche Grundregeln des Tretens auf physikalischen Gesetzmäßigkeiten und der Anatomie des menschlichen Körpers. Sie haben den Zweck, den Treter zur optimalen Leistung und Kraftentfaltung anzuhalten. Der Lernende sollte sich genau an diese Grundregeln halten, ganz gleich, welche Art von Tritt er ausführen möchte, ob einen kreisförmigen Tritt, einen Seitwärts-, Vorwärts- oder Hakentritt (auch Fersenbeinschlag). Die folgenden fünf Regeln sind natürlich bei weitem nicht die einzigen, aber die wichtigsten hinsichtlich der Trittbewegung. Die ersten drei dieser fünf Grundregeln bilden sozusagen den äußeren Rahmen für den Komplex der Grundtechniken.

1

2

3

4

5

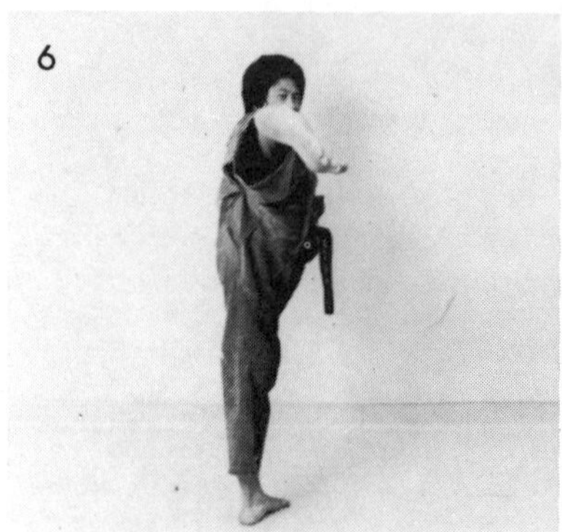
6

Figur I

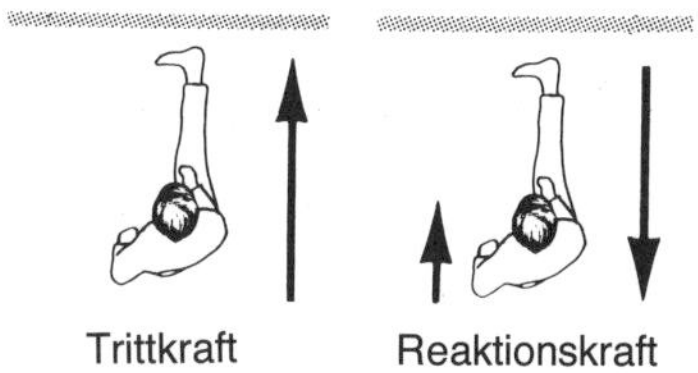

Mann, der gegen eine Wand tritt. Körper, Hüfte und Bein bilden keine Linie (Draufsicht).

Figur II

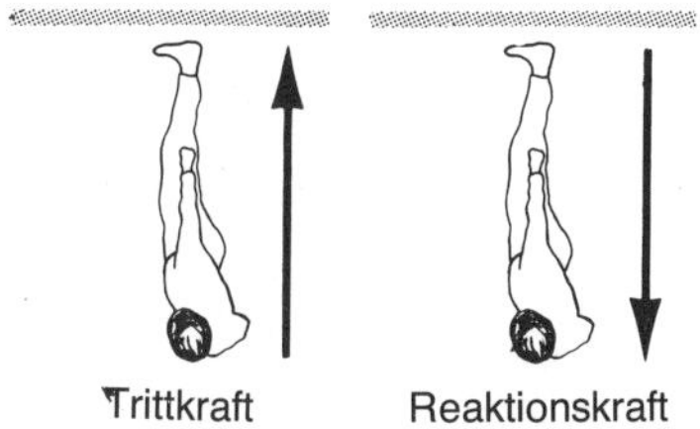

Mann, der gegen eine Wand tritt. Körper, Hüfte und Bein bilden eine Linie (Draufsicht).

● *Volle Kraft nur im Moment der vollständigen Streckung gebrauchen.*

Viele Praktiker verwenden volle Kraft während der gesamten Ausführung einer Technik, mit dem Ergebnis, daß sie ihre Muskeln ständig anspannen müssen. Diese ständige Muskelanspannung vermindert nicht nur die Schnelligkeit bei der Ausführung, sondern bedeutet auch Kraftvergeudung. Da alle Tritte mit größtmöglicher Schnelligkeit ausgeführt werden sollen, muß auch das Trittbein bis zum Moment der vollen Ausdehnung entspannt bleiben. Erst dann sollte die ganze Kraft (und als Folge auch die Muskelanspannung) nach Art einer kurzen, plötzlichen Explosion angewandt werden.

● *Das Trittknie und -bein hochreißen.*

Alle Tritte sollten damit beginnen, daß man das Knie rasch so hoch wie möglich zieht, wobei man das Gleichgewicht bewahren kann (siehe Abb. 1). Die Ausführung des Tritts kann dann mit dem vollständig gestreckten Bein in Form einer fließenden Bewegung erfolgen, wie es hinsichtlich der spezifischen Trittanwendung erforderlich ist. Diese hohe Haltung des Trittbeins ist aus folgenden Gründen zu bevorzugen:

1) Hinter den Tritten steckt mehr Kraft, wenn sich der Winkel zwischen dem ausgestreckten Bein und einer gedachten, horizontal durch das Ziel verlaufenden Linie verringert.

2) Der Gegner hat weniger Zeit zu reagieren. Durch das Hochreißen des Knies kann der Tritt zu unterschiedlich weit entfernten Zielen »geschossen« werden, sowohl zu hoch liegenden, mittleren oder tief liegenden. Die Folge ist, daß es für den Gegner schwieriger wird, das endgültige Ziel des Trittes vorauszubestimmen.

3) Ein Tritt aus dieser Position heraus ist schwieriger abzuwehren. Erfolgt der Tritt unmittelbar vom Boden aus, so braucht der Gegner nur seinen Vorderarm nach unten bewegen, um den Angriff wirksam abzuwehren. Eine solche Möglichkeit besteht aber nicht, wenn das Trittbein hochgezogen und näher dem gegnerischen Körper ist. Der Gegner kann dann nicht endgültig die Trittlinie vorausbestimmen und sich folglich auch nicht rasch für eine angemessene Abwehr entscheiden.

Aus den eben genannten Gründen beginnt ein kluger Kämpfer niemals damit, seinen Trittfuß zum Knie des Standbeins zu bringen (siehe Abb. 2). Diese Art der Bewegung verringert die Schnelligkeit und vergeudet Kraft. Nehmen wir zum Beispiel die Situation, in der ein Kämpfer erkennt, daß sein Gegner zu einem Kopfstoß ansetzt. Der Kämpfer sichtet eine offene Stelle, zum Beispiel die Rippen des Gegners, und in der Hoffnung, dort einen Seitwärtstritt landen zu können, bevor der gegenerische Stoß trifft, zieht er nun seinen Fuß zum Knie seines Standbeins heran. Damit läßt er den Gegner seine Absicht erkennen. Bevor er noch in der Lage ist, sein Knie hochzureißen und den Tritt auszuführen, landet auch schon der gegnerische Stoß. Hätte der Kämpfer sein Knie hochgerissen, um den Seitwärtstritt einzuleiten, wäre – selbst wenn der Tritt zu langsam gewesen wäre, um wirksam treffen zu können – doch das Vorgehen des Gegners gebremst und sein Stoß unwirksam geworden.

● *Oberkörper, Hüfte und Beine sollen eine gerade Linie bilden.*

Kraft und Schnelligkeit sind vorrangige Eigenschaften eines starken und soliden Tritts. Wenn jedoch nur die Beinmuskeln bei der Ausführung eingesetzt werden, so wird Schnellkraft allein von diesen Muskeln erzeugt (siehe Abb. 3). Der ganze Körper steuert jedoch zur Kraft eines Trittes bei, wenn die Hüfte nach vorn geschoben wird, so daß sie eine Linie mit dem ausgestreckten Bein bildet (siehe Abb. 4). Der Stoß erzeugt durch Einsatz des Hüftimpulses eine Vervielfachung der Trittschnelligkeit und eine enorme Kraftsteigerung.

Hinzugefügt werden muß, daß auch dann, wenn die Hüfte in dieselbe Richtung wie das Stoßbein vorgeschoben wird, Kraft und Schnelligkeit drastisch verringert werden, wenn nicht auch der Oberkörper dieser Linie folgt. Nehmen wir zum Beispiel an, ein Seitwärtstritt wird gegen eine Ziegelsteinwand ausgeführt; die Hüfte befindet sich mit dem ausgestreckten Bein auf einer Linie, aber nicht der Oberkörper (siehe Abb. 5 und Figur I). Da die Wand unbeweglich ist, wird die Kraft des Tritts sich gegen den Ausführenden wenden (Rückstoßkraft). In diesem Fall funktionieren Oberkörper und Bein als getrennte Einheiten, nur verbunden durch das Hüftgelenk. Das gestreckte Bein wird infolge des Rückstoßes zurückgeworfen. Die Kraft teilt sich im Hüftgelenk auf, während der Körper seine Bewegung nach vorn fortsetzt. Am Ende wird die ganze Kraft in mehrere verschiedene Richtungslinien verstreut, und einige davon treffen nicht das angestrebte Ziel. Das bedeutet, daß die abweichenden Kraftlinien gegen die anderen arbeiten: Geschwindigkeit und Wucht vermindern sich.

Wenn Körper, Hüfte und ausgestrecktes Bein eine Linie bilden (siehe Abb. 6 und Figur II), so laufen alle Kraftlinien in eine Richtung, entweder zur Wand hin (dabei geht entweder die Wand oder der Fuß des Tretenden zu Bruch) oder weg von ihr in die entgegengesetzte Richtung. In beiden Fällen werden Kraft und Schnelligkeit nicht zerstreut, sondern setzen sich in einer Linie fort; sie können dadurch zusammenwirken, ohne vermindert, verteilt oder reduziert zu werden.

● *Plötzlichen Wechsel in bezug auf Rhythmus und Bewegung auf ein Minimum beschränken.*

Vor und während des Einleitens irgend einer Tritt-Technik sollten die Augen und der Körper eines Kämpfers nicht irgendeinen plötzlichen Wechsel signalisieren. Wenn sich während eines Freikampfes der Körper konstant bewegt, sollte diese Bewegung so lang wie möglich gehalten werden, bevor zum eigentlichen Tritt angesetzt wird. Wenn die Stellung eines Kämpfers starr und unbeweglich ist, sollte sein Körper perfekt gerade gehalten werden, und nur das Bein sollte sich, obgleich sehr schnell, zu Beginn des Tritts bewegen. Entscheidend ist, daß der Gegner keine Möglichkeit erhält, den beabsichtigten Tritt vorauszusehen.

● *Augentäuschungen gebrauchen und auf weites Blickfeld achten.*

Da Blicke meistens die vom Kämpfer in Erwägung gezogenen Zielpunkte verraten, ist den Blickbewegungen des Gegners besondere Beachtung zu schenken. Sie geben Anhaltspunkte für seine direkten Absichten. Ein kluger Kämpfer beobachtet die Augen des Gegners und benutzt selbst Augentäuschungen, um seine eigenen Absichten zu verbergen. Ferner bemüht er sich neben der begrenzten brennpunktartigen Sicht um ein weites Blickfeld, das ihm eine größere Übersicht ermöglicht. Brennpunktartige Sicht allein veranlaßt den Kämpfer, sich nur auf einen Punkt oder Bereich zu konzentrieren, und dabei mögliche andere offene Stellen, die als Angriffsziele dienen könnten, zu vernachlässigen.

Angriffsflächen des Fußes

Es gibt fünf grundlegende Angriffsstellen des Fußes: die Ferse, der Ballen, die Sohle, der Fußrücken und die Fußaußenkante. Angriffe mit der Ferse werden entweder mit dem unteren oder hinteren Fersenteil ausgeführt. In beiden Fällen werden Zehen und Spann zum Knie hin angezogen, damit die Ferse direkten Kontakt bekommt. Wie auch immer der Fußballen eingesetzt wird, wichtig dabei ist, daß der Fußrücken aufgerichtet ist und die Zehen zum Knie hin angezogen werden. Diese Haltung ermöglicht einen direkten Kontakt des Ballens. Tritte mit der Fußsohle, der Fläche zwischen Ferse und Ballen, müssen mit leicht gerichtetem (bei Fußfegern) oder zum Knie hin angewinkeltem (beim Seitwärtstritt oder Stampftritt) Fuß ausgeführt werden. Bei einem Angriff mit dem Spann, dem knöchernem Ende zwischen Knöchel und Zehen, ist der Fuß leicht zu strecken. Bei Tritten mit der Außenkante des Fußes, der Seitenkante von der Ferse zum Ballen, muß der Fuß zum Knie hin angewinkelt werden, damit die Außenkante des Fußes direkten Kontakt hat. Die Fußkante steht dabei waagerecht zum Boden.

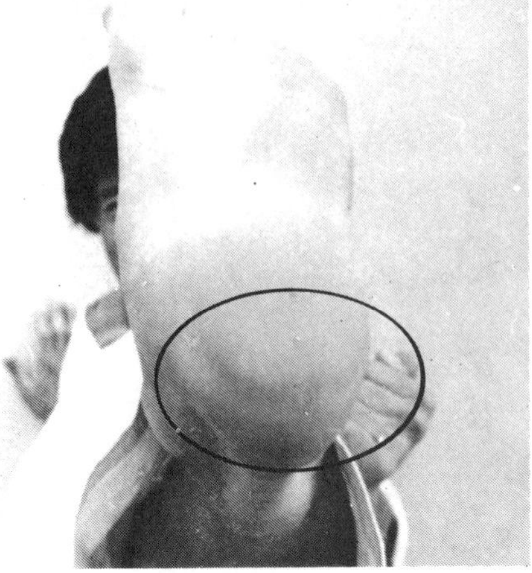

Ferse

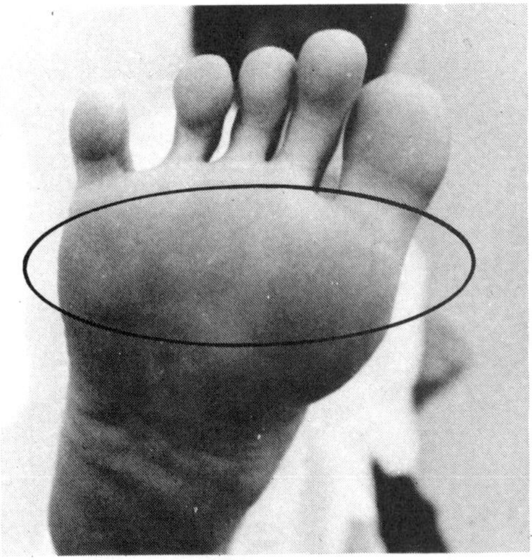

Ballen

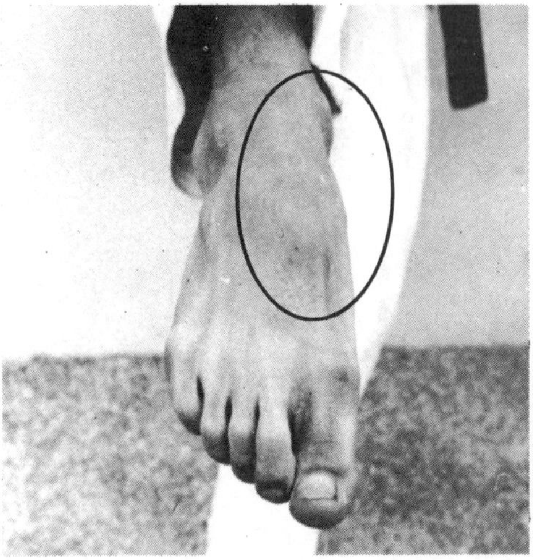

Spann

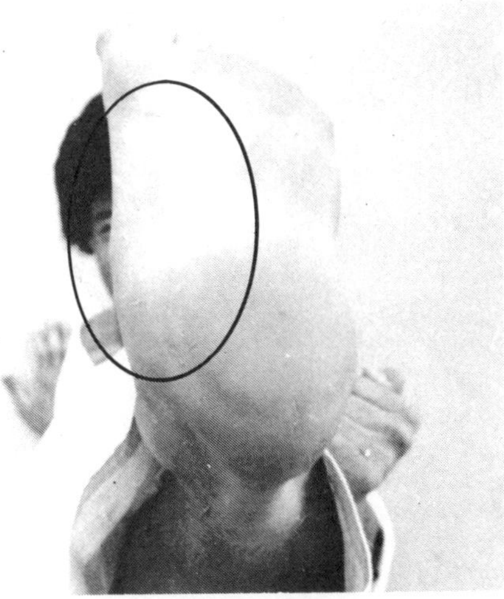

Sohle

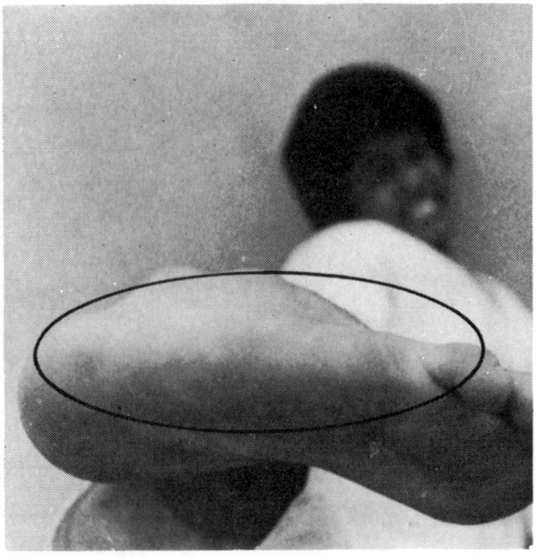

Außenkante

Dynamische Tritte

Die Erklärungen auf den nächsten Seiten sollten Schritt für Schritt zu den Bewegungsabläufen, wie sie auf den Fotos festgehalten sind, gelesen werden. Am besten geht man jeden vollständigen Tritt langsam durch und konzentriert sich dabei auf jede einzelne Bewegung, bis sie in Fleisch und Blut übergegangen ist. Wenn man dann in der Lage ist, die Bewegung nachzuempfinden, geht man zum nächsten Schritt über. Besondere Aufmerksamkeit ist auf die im Moment der vollen Trittausdehnung erforderliche Muskelspannung zu richten.

1

4

Vorwärtstritt in der Grundform

8

Aus dem Stand den linken Fuß nach vorn setzen (1). Den Oberkörper nach links drehen, als wolle man einen Faust-stoß mit der rechten Hand ausführen (2). Diesen Augenblick nutzen, um das rechte Knie nach vorn und zur rechten Brustseite hochzureißen. Dabei sollte es leicht am linken Standbein vorbeistreifen (3, 4). Wenn das Bein gestreckt ist, die Muskeln des Standbeins anspannen und die rechte Hüftseite nach vorn drehen (5). Bei voller Ausdehnung des Tritts die Muskeln der rechten Bauchseite und der Rück-seite des Standbeins vollständig anspannen (6). Die Span-nung lösen und unter Einsatz der Hüfte das rechte Bein wieder in die Ausgangsposition zurückziehen (7-10).

2

3

5

6

7

9

10

1

4

Gleitender Vorwärtstritt

7

Der rechte Fuß steht vorn und das meiste Körpergewicht lastet auf dem linken Bein (1). Den rechten Fuß in einer kreisförmigen Bewegung nach vorn hochziehen, so daß sich das rechte Knie auf die rechte Brustseite zubewegt. Dies sollte der Beginn einer Gleitbewegung sein (2, 3). Die volle Ausdehnung des Tritts soll sich am Ende der Gleitbewegung ereignen. Die rechte Seite des Bauches und die obere Rückseite des Standbeines vollständig anspannen, ebenso die Wadenmuskeln des Trittbeins (4). Das rechte Bein senken, darauf hochspringen und dann wieder in die Ausgangsposition zurückkehren (5-8).

2

3

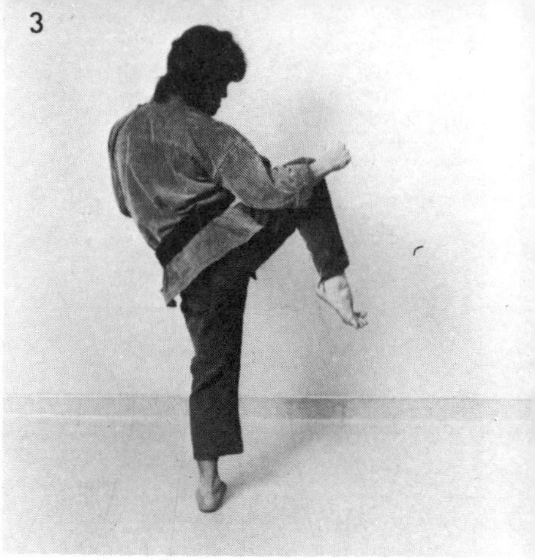

5

6

8

1

3

6

Gesprungener Vorwärtstritt I.

(mit dem vorderen Fuß)

Der rechte Fuß steht vorn und das meiste Körpergewicht liegt auf dem linken Bein (1). Nun das Gewicht auf das vordere Bein verlagern. Mit dem rechten Bein hochspringen, so daß es den linken Fuß streift, der dabei eine unsichtbare gedachte Stufe »hochsteigt« (2, 3). Mit der rechten Hüfte voran mit dem rechten Bein die Trittbewegung weiter ausführen bis zur vollen Streckung. Bei dieser Figur wird das dem Boden nähere Bein (hier das linke) ausgestreckt gehalten (4). Es ist gut, im Wettkampf den nicht tretenden Fuß zum Boden hin auszustrecken, wie es hier in der schrittweisen Folge demonstriert wird. Es ist eine Schutzmaßnahme gegen einen eventuellen Sturz, während man sich in der Luft befindet. Bei voller Streckung müssen das ganze rechte Bein und die rechte Seite des unteren Rückens vollständig angespannt sein. Dann löst man die Spannung und senkt das linke Bein. Der rechte Fuß kommt ebenso wieder in die Ausgangsstellung zurück (5, 6, 7).

2

4

5

7

1

4

Gesprungener Vorwärtstritt II.

(mit dem hinteren Fuß)

Den rechten Fuß nach vorn setzen und das meiste Körpergewicht auf das linke Bein legen (1). Wenn das rechte Knie hochkommt, stößt man sich mit dem linken Bein ab (2). In der Luft entspannt man sich und plaziert den rechten Fuß auf einer gedachten Stufe (3). Während linke Hand und Schulter nach rechts drehen, stößt die linke Hüfte in dieselbe Richtung. Jetzt beginnt man mit der Trittbewegung (4). Bei voller Streckung sind das ganze Bein und die linke Seite des unteren Rückens vollständig anzuspannen (5). Dann zieht man den Oberkörper zurück, um auf dem rechten Bein zu landen (6, 7). Das Trittbein senken und zur Linksstellung absetzen (8, 9).

7

2

3

5

6

8

9

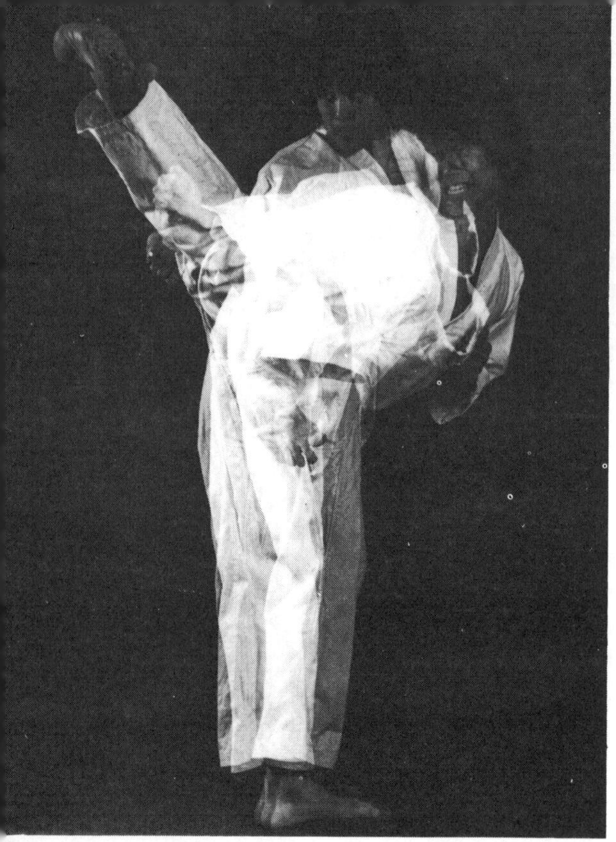

1

5

9

13

Seitwärtstritt in der Grundform

Linksstellung einnehmen (1). Oberkörper nach links drehen, als wolle man einen Fauststoß rechts ausführen (2). Diesen Moment nutzt man, um den rechten Fuß nach vorn zu führen und das Knie vorn hochzureißen (3). Auf dem Standbein weiter nach links drehen und das rechte Knie so nach oben führen, daß der rechte Fuß (Fußkante zuerst) eine gerade Linie bildet (4, 5, 6). Bei voller Streckung müssen die Muskeln des rechten Beins und die ganze rechte (untere) Rückenseite sowie die Rumpfmuskeln vollständig angespannt sein (7). Die Anspannung lösen und wieder in die Ausgangsposition zurückkehren, indem man den rechten Fuß wieder auf dem gleichen Weg zurücksetzt (8-13). Es ist wichtig, daß das Trittbein bei der Ausführung keinen Bogen beschreibt, sondern in einer geraden Linie zum Ziel gestoßen wird (siehe Zeichnung).

2

3

4

6

7

8

10

11

12

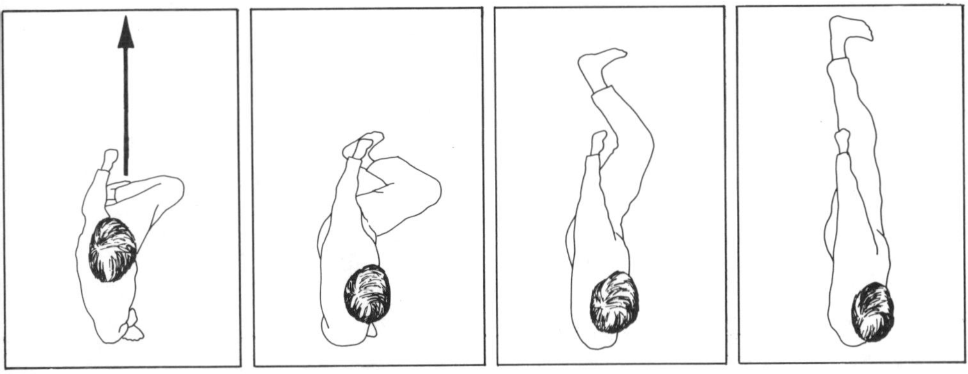

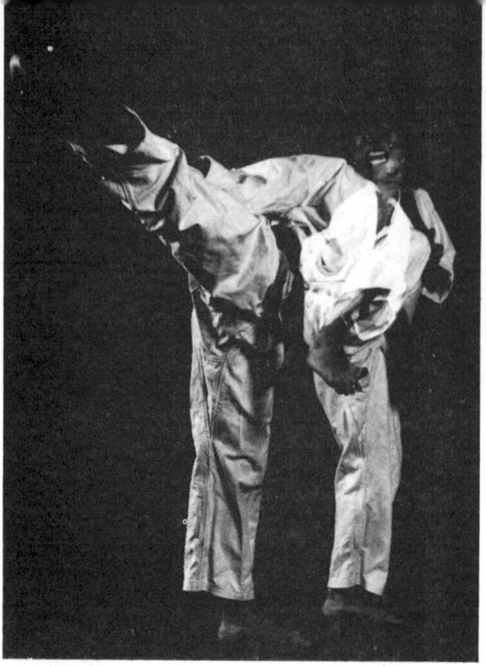

1

4

7

Gleitender Seitwärtstritt

Der rechte Fuß steht vorn, das meiste Körpergewicht liegt auf dem linken Bein (1). Das Gewicht so wenig wie möglich verlagern, wenn nun das rechte Knie an der rechten Körperseite hochgerissen wird (2). Das Bein in gerader Linie zur Seite stoßen, so daß die Fußaußenkante auf das Ziel trifft. Die Gleitbewegung zum Ziel hin erfolgt im Moment des Hochreißens und Tretens, das in einer einzigen fließenden Bewegung ausgeführt wird. Während dieser Aktion zeigt die rechte Fußkante parallel zum Boden (3, 4). Bei voller Beinstreckung müssen die ganze rechte (untere) Rückenseite und die Muskeln des rechten Beins vollständig angespannt sein (5). Dann die Spannung lockern und das rechte Bein wieder in die Ausgangsposition zurückziehen (6-9). Wichtig ist hierbei wiederum, den rechten Fuß in einer geraden Linie zur Seite zu stoßen. Darauf achten, daß der Fuß keinen Bogen beschreibt.

2

3

5

6

8

9

1

4

8

Seitwärtstritt im Sprung

Der rechte Fuß ist vorn, das Körpergewicht gleichmäßig auf beide Beine verteilt (1). Nun schiebt man sich mit dem rechten Fuß leicht nach vorn und springt zur gleichen Zeit mit dem vorderen Bein ab (2). Beide Beine während des Sprungs anziehen, das rechte nah zum Körper, das linke leicht unterhalb des rechten Beins (3). Im Moment, in dem der Sprung den Höhepunkt erreicht, das rechte Bein horizontal in Zielrichtung stoßen. Bei voller Streckung müssen die rechte untere Rückenseite und die rechte Hinterbacke vollständig angespannt sein (4, 5). Sobald das rechte Bein wieder in angezogene Position zurückgeschnappt ist, wird das linke Bein nach unten zum Boden hin ausgestreckt. Die rechte Hand hoch und die linke zum Stoß bereit halten (6, 7, 8). Wenn der linke Fuß den Boden berührt, das rechte Bein nach unten führen und wieder in die Ausgangsstellung zurückkehren (9, 10).

2

3

5

6

7

9

10

1

4

7

Gedrehter Seitwärtstritt im Sprung

Linksstellung einnehmen, das Körpergewicht liegt auf dem rechten Bein (1). Eine kurze Drehung im Uhrzeigersinn ausführen, wobei rechter Ellbogen und Hüfte vorausgehen. Die linke Ferse sollte während der Drehung angehoben werden (2). Jetzt das Gewicht auf den linken Fuß verlagern und mit diesem abspringen. Im Sprung den linken Fuß zum Körper heranziehen, während man das rechte Knie hochreißt (3, 4). Während der Körper die Drehbewegung fortsetzt, muß das rechte Bein horizontal in Zielrichtung gestoßen werden; Auftreffpunkt ist der hintere Teil der Ferse. Bei voller Beinstreckung die ganze rechte (untere) Rückenseite und das rechte Bein vollständig anspannen (5). Mit Zurückziehen des rechten Beines die rechte Hüftseite nach unten und zurück drehen (6). Gleichzeitig das linke Bein zum Boden hin ausstrecken (7). Wenn man auf dem linken Bein aufsetzt, das rechte Bein senken und nach vorn absetzen (8, 9).

2

3

5

6

8

9

1

4

7

Seitwärtstritt in der Konterform

Der rechte Fuß ist vorn und das meiste Körpergewicht ruht auf dem hinteren Bein (1). Das Gewicht nun auf das linke Bein verlagern und dann mit beiden Füßen hoch und zurück springen. Dabei das rechte Bein horizontal zur Seite anziehen, das rechte Knie so hoch wie möglich reißen und den rechten Fuß zurückziehen. Das linke Bein heranziehen, die Fußsohle zeigt nach oben (2, 3). Am Höhepunkt der Sprungbewegung nach vorn legen. Den rechten Fuß horizontal zur Seite stoßen (4). Bei voller Streckung müssen die rechte Rückenseite straff gespannt und die rechte Ferse leicht aufwärts gedreht sein (5). Beim Zurückziehen des rechten Beines die rechte Hüftseite nach unten und zurück drehen. Gleichzeitig das linke Bein nach unten ausstrekken, um den Boden zu berühren (6). Sobald das linke Bein den Boden berührt, das rechte Bein senken und in die Ausgangsposition zurückkehren (7, 8, 9).

2

3

5

6

8

9

1

4

8

Seitwärtstritt aus der Rückwärtsdrehung

Linksstellung einnehmen (1), das meiste Körpergewicht liegt auf dem rechten Bein. Mit diesem eine 180-Grad-Drehung im Uhrzeigersinn durchführen und dabei den Kopf nach hinten über die linke Schulter drehen, um das rückwärtige Ziel zu fixieren. Während der Drehung sollte die linke Ferse angehoben werden und in Zielrichtung zeigen (2, 3). Das Gewicht auf das linke Bein verlagern. In einer einzigen Bewegung jetzt auf dem linken Fuß weiter herumdrehen, während das rechte Bein – Fuß und Hüfte – rückwärts herumkommt. Das Bein jetzt in einer geraden Linie zum Ziel stoßen (4, 5). Bei voller Streckung müssen die Muskeln des rechten Beines und die ganze untere Rückenseite sowie die Hinterbacken vollständig angespannt sein (6). Die Spannung lockern und das rechte Bein in die sogenannte »Hahnen-Stellung« zurückschnappen lassen (7, 8). Den rechten Fuß vorn am Boden absetzen (9, 10).

2

3

5

6

7

9

10

1

5

9

Hakentritt nach vorn

(auch: Fersenbeinschlag)

Der rechte Fuß ist vorn (1). Die rechte Hüfte und Schulter nach vorn drehen und mit dem Hochziehen des rechten Beines beginnen (2). Dann das rechte Knie zur rechten Brustseite hochziehen (3, 4). Dabei dreht man sich auf dem Standbein gegen den Uhrzeigersinn, während man gleichzeitig die rechte Fußsohle in Zielrichtung dreht. Wie bei allen hakenförmigen Tritten (bzw. Rundtritten) sollte auch hier der Trittfuß in einer bogenförmigen Bewegung hochgezogen werden (5). In dem Moment, in dem das rechte Bein gestreckt ist, muß die rechte Hüftseite ruckartig nach rechts gedreht werden, so daß der Fuß aufwärts in Zielrichtung schnappt (6, 7). Die volle Ausdehnung des Trittes wird mit der hakenförmigen Bewegung erreicht, bei der die Rückseite angespannt und dann langsam entgegen der Ausdehnung des Trittes angezogen werden sollen (8). Mit diesem kraftvollen, geschnappten Fußschlag fortfahren, bis das Bein wieder angezogen ist. An diesem Punkt der Bewegung sollte der rechte Fuß immer noch gespannt sein (9). Dann den rechten Fuß unverzüglich in die Ausgangsposition zurückziehen (10, 11, 12).

2

3

4

6

7

8

10

11

12

1

4

7

Gleitender Hakentritt

Der rechte Fuß ist vorn, das meiste Körpergewicht lastet auf dem linken Bein (1). Das rechte Bein hochziehen, um es in einer kreisförmigen Bewegung nach außen zu schlagen (2). Diesen Moment der Bewegung nutzen, um sich nach vorn gleiten zu lassen (3, 4, 5). Kurz bevor man die volle Ausdehnung des Trittes erreicht hat, die rechte Hüftseite und Schulter nach rechts stoßen. Die Rückseite des rechten Beins und die rechte untere Rückenseite anspannen, um den kraftvollen, hakenförmigen Schnappschlag zu erzielen (6). Den rechten Fuß angespannt halten, während er in der Bewegung fortfährt. Dann wieder in die angezogene Position zurückschnappen lassen (7). Den rechten Fuß auf direktem Weg nach unten in die Ausgangsposition zurücksetzen (8, 9).

2

3

5

6

8

9

1

3

7

11

Vorwärtshakentritt im Sprung

Der rechte Fuß ist vorn (1). Leicht mit dem linken Bein abstoßen und auf dem rechten Bein hochspringen, während der linke Fuß an den rechten herankommt (2, 3). Den linken Fuß an den Körper bringen und das rechte Knie dicht an die rechte Brustseite heranziehen; das linke Bein zeigt jetzt parallel zum Boden (4). Das rechte Bein bogenförmig nach oben ausstrecken. Die rechte Schulter zurückziehen, um mit dem Fuß besser nach außen zu schnappen (5-8). Kurz bevor der Tritt die volle Ausdehnung erreicht hat, das linke Bein zum Boden hin ausstrecken (9). Auf dem linken Bein landen und das rechte Bein anziehen (10). Dann das rechte Bein wieder in die Ausgangsposition bringen (11, 12).

2

4

5

6

8

9

10

12

1

5

9

Hakentritt aus der Rückwärtsdrehung

(auch: Rundtritt mit dem hinteren Bein)

Der linke Fuß ist vorn (1). Das Körpergewicht ruht auf dem rechten Fuß, auf dem der Körper nun um 180 Grad im Uhrzeigersinn gedreht wird. Dabei die linke Ferse hochheben, so daß sie in Zielrichtung zeigt (2). Das Körpergewicht jetzt auf das linke Bein verlagern, den Kopf herumschnappen lassen und über die rechte Schulter sehen, um den Gegner im Blick zu haben. Bei dieser Startbewegung wird der rechte Fuß in Zielrichtung bewegt (3). Der Fuß führt eine knappe bogenförmige Bewegung aus, wobei das rechte Knie in einem Aufwärtsbogen an der Brust vorbeigezogen wird (4, 5, 6). Bei voller Ausdehnung des Tritts ist die rechte untere Rückenseite straff gewölbt und die Rückseite des rechten Beines wirkt gegen die Zentrifugalkraft (Fliehkraft) des gestreckten Beines (7). Die Spannung lockern und den Fuß wieder in die gebeugte Haltung zurückschnappen lassen (8, 9). Den rechten Fuß dann nach vorn auf den Boden setzen (10, 11).

2

3

4

6

7

8

10

11

1

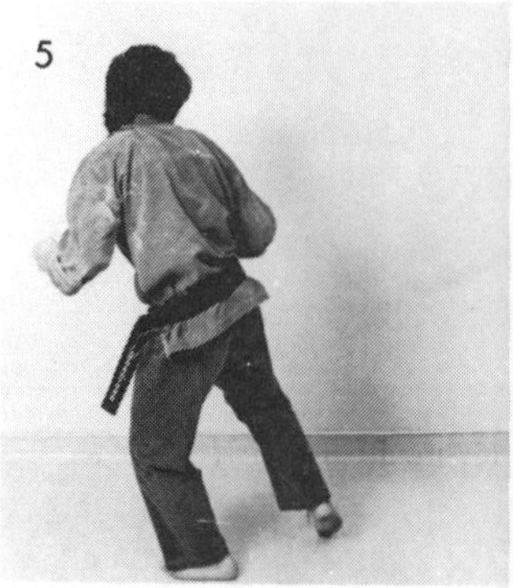

5

9

13

Drehtritt im Zurückweichen

Der linke Fuß ist vorn (1). Während man das Ziel über die linke Schulter beobachtet, dreht man sich im Uhrzeigersinn herum und weicht mit dem rechten Fuß zurück (2). Den linken Fuß an den rechten heranziehen, um die nächste Schrittbewegung einzuleiten (3). Während man den linken Fuß nun vor den rechten stellt, verlagert man das Gewicht auf das linke Bein. Kurz den Kopf herumdrehen, um über die rechte Schulter blicken zu können (4). Den rechten Fuß in einer kreisförmigen Bewegung hochreißen und dabei das rechte Knie dicht an die rechte Brustseite heranbringen. Der Fuß wird in Zielrichtung gedreht (5, 6 , 7). Den Tritt in Form einer kreisbogenförmigen Bewegung ausführen, indem man das rechte Bein schräg nach außen schnappen läßt und dabei die rechte Seite des Rückens straff spannt. Die Muskeln der Rückseite des Trittbeines wirken gegen die Zentrifugalkraft des Tritts (8, 9). Nach dem Moment der vollen Trittausdehnung das Knie beugen und die rechte Seite des Körpers wieder nach unten und zurück ziehen. Dabei wieder in die Ausgangsstellung zurückkehren (10-15).

2

3

4

6

7

8

10

11

12

14

15

1

4

8

12

Rückwärtshakentritt im Sprung

Der linke Fuß ist vorn (1). Mit beiden Füßen abspringen und sich mit einer Drehung des Oberkörpers im Uhrzeigersinn herumdrehen (2,3). Dabei Knie anziehen und Füße zusammennehmen (4). Wenn die rechte Körperseite in Zielrichtung zeigt, das rechte Bein nach außen schnappen lassen (5). Bei voller Trittausdehnung ist der rechte Fuß gestreckt, die rechte Rückenseite ist stark gebogen (6). Im Anschluß oder noch während des Tritts den linken Fuß wieder zum Boden führen (7,8). Sobald er diesen berührt, sollte der Tritt vollendet sein. Das rechte Knie zurückziehen (9,10). Die Drehung vollenden, indem man das rechte Bein senkt und in die Ausgangsstellung zurückkehrt (11, 12, 13).

2

3

5

6

7

9

10

11

13

1

4

8

Kreisfußschlag nach außen

Der rechte Fuß ist vorn (1). Mit dem linken Fuß einen Schritt vorgehen (2, 3). Die rechte Hüftseite und das Bein nach vorn vor den linken Fuß schieben (4). Dann das im Knie gebeugte Bein vorn hochreißen und mit der senkrecht gehaltenen Fußkante in einem weiten Bogen nach außen schnappen lassen (5, 6). Bei voller Trittausdehnung muß die rechte Bauchseite gestrafft sein. Der rechte Fuß sollte bis zur Körpermittellinie geschlagen werden, wobei der rechte Oberschenkel nach außen drückt und die rechte Hüftseite sich zurückschiebt. Das voll gestreckte Bein sollte sich waagrecht zum Ziel bewegen (7). Nachdem der Fuß die Körpermittellinie passiert hat, wird er in einem leichten Bogen heruntergezogen und nach hinten zur Linksstellung abgesetzt (8, 9, 10).

Der Anfangsschritt (das Sich-nach-vorn-schieben) erzeugt eine offene Stelle, die den Gegner zu einem Angriff verlokken könnte. In diesem Fall würde ihn der Tritt treffen, während er im Herankommen ist. Der Tritt kann aber auch ohne einen vorbereitenden Schritt ausgeführt werden.

2

3

5

6

7

9

10

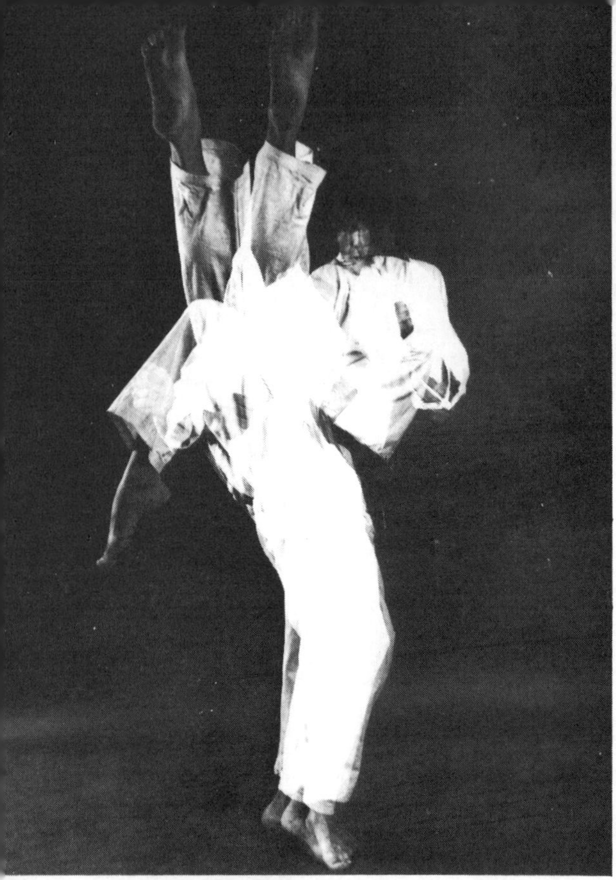

1

4

8

Kreisfußschlag nach innen

(kreisförmiger Tritt mit der Innenfußkante)

Linksstellung einnehmen (1). Den Oberkörper leicht nach links drehen, als wolle man einen Fauststoß rechts ausführen (2). Diesen Augenblick verwenden, um das rechte Bein zur rechten Brustseite hochzuziehen. Dabei die rechte Hüftseite nach vorn stoßen (3, 4). Die volle Ausdehnung des Tritts sollte sich genau an der Körpermittellinie ereignen, wobei Wade und Unterschenkel des Trittbeins anzuspannen sind, ebenso wie die Muskeln auf der rechten Seite des Bauches (5). Alle Muskeln der Rückseite des rechten Beines (wie auch des linken Oberschenkels) einsetzen, um das rechte Bein gerade herunterzuschlagen. Dann die Muskeln wieder entspannen, während man in die Rechtsstellung zurückkehrt (6-9).

2

3

5

6

7

9

1

5

9

Kreisfußschlag nach außen im Sprung

Der rechte Fuß ist vorn und das meiste Körpergewicht liegt auf dem linken Bein (1). Das Körpergewicht nun auf das rechte Bein verlagern (2). Den linken Fuß nach vorn ziehen und mit dem rechten Fuß hochspringen. Das rechte Bein in einem Kreisbogen vor dem Körper hochziehen (3, 4, 5). Bei voller Trittausdehnung soll der linke Fuß den Boden berühren, während sich der rechte nach oben und außen streckt. Die Halsmuskeln und die rechte Bauchseite anspannen, damit das Gewicht hinter dem Tritt gehalten werden kann (6). Die Anspannung wieder lösen, wenn das Trittbein die kreisförmige Bewegung weiterführt. Das Bein in die Rechtsstellung zurückziehen (7-11).
Auch hier ist es möglich, den Kreisfußschlag nach außen, ob gesprungen oder in anderer Ausführung, zu variieren. Die Betonung liegt auf einer kraftvollen, geraden und abwärts geschlagenen Bewegung, sobald der Tritt die Körpermittellinie erreicht hat. Ebenso können die Trittvarianten beim Thai-Boxen verwendet werden. Auch dabei muß sicher sein, daß der Tritt, hat er seine maximale Kraftentfaltung erreicht, eine vollständig horizontale Bewegung beschreibt.

2

3

4

6

7

8

10

11

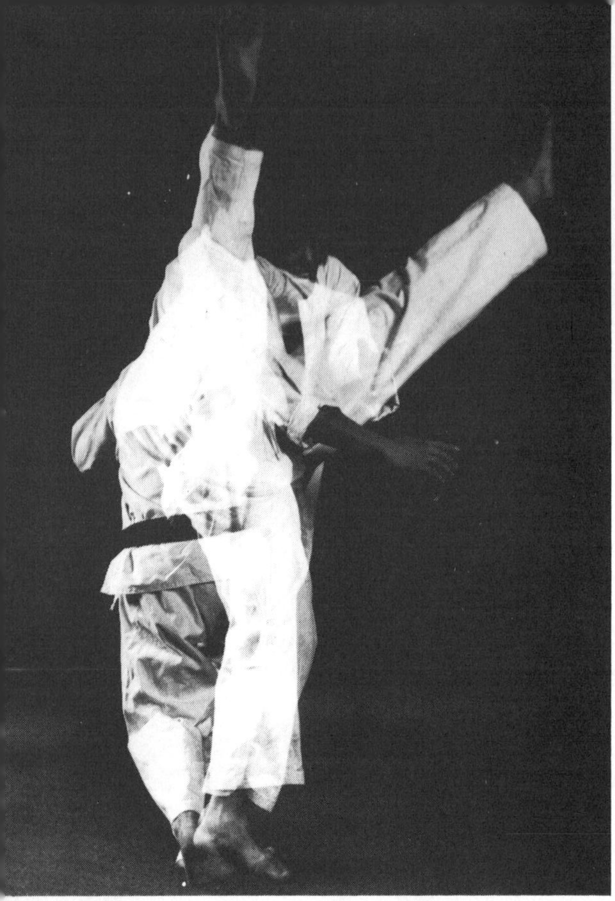

1

4

8

Kreisfußschlag nach außen aus der Rückwärtsdrehung

Der linke Fuß ist vorn (1), das Körpergewicht liegt auf dem rechten Fuß. Man dreht sich um 180 Grad im Uhrzeigersinn und blickt über die rechte Schulter. Die linke Ferse ist in Zielrichtung gedreht (2, 3). Das Gewicht nun auf den linken Fuß verlagern und die Drehung weiter fortführen: zuerst die Schulter (und Hüfte), dann das Bein. Wenn das linke Bein hochkommt, beugt man sich in der Taille nach vorn und senkt die rechte Hüftseite (4, 5, 6). Bei voller Ausdehnung des Tritts muß der Trittfuß angespannt sein, der Körper aber entspannt, damit maximale Schnelligkeit erzielt werden kann, während die vier Bewegungsabläufe miteinander verschmelzen. Im Hinblick auf größtmögliche Kraftentfaltung sollte sich der Fuß auf einer horizontal zum Ziel verlaufenden Linie bewegen (7). Jetzt wieder entspannen, während das Bein die kreisförmige Bewegung weiterführt und nach unten in die Rechtsstellung zurückkehrt (8, 9, 10).

2

3

5

6

7

9

10

1

5

9

Aus der Rückwärtsdrehung gesprungener Kreisfußschlag

Der linke Fuß ist vorn (1), das Gewicht liegt auf dem rechten Fuß. Eine 180-Grad-Drehung im Uhrzeigersinn ausführen und dabei über die rechte Schulter schauen. Dabei die linke Ferse heben und die Zielrichtung drehen (2, 3, 4). Das Körpergewicht auf den linken Fuß verlagern und hochspringen. Dabei die rechte Schulter, Hüfte und dann das Bein herumschnappen. Mit der Streckung des Trittbeines beginnen, sowie es vor dem Körper hochfegt (5, 6). Volle Streckung ist erreicht, wenn sich das Bein auf einer horizontalen Linie vor dem Körper befindet. Der rechte Fuß und die Außenseite des Trittbeins sollten angespannt sein, wenn das Bein herüberfegt. Auch die Bauchmuskeln anspannen, damit das Gewicht nach vorn in den Tritt gelegt werden kann (7, 8). Entweder während oder nach der Ausdehnung des Trittes das linke Bein herunterziehen, damit es den Boden berühren kann. Dabei den Körper gerade halten (9, 10). Das rechte Bein beugen und entspannt in die Ausgangsposition zurückschwingen lassen (11, 12).

2

3

4

6

7

8

10

11

12

1

3

7

Vollständiger Halbkreistritt in der Grundform

Linksstellung einnehmen (1). Den Oberkörper nach links drehen, als wolle man einen rechten Fauststoß ausführen. Dann das rechte Knie seitlich hochziehen (2, 3). Das Knie und den Fuß in einem Bogen scharf nach vorn reißen. Das Bein wird zum Ziel hin ausgestreckt, wenn das Schienbein parallel zum Boden zeigt und sich in einer Linie mit der rechten Hand und der Schulter befindet (4, 5, 6). Wenn das Bein zum Ziel gepeitscht wird, müssen die rechte Schulter nach hinten gedreht und der Rücken gewölbt werden. Diese entgegengesetzte Drehbewegung ergibt einen abschließenden explosiven Krafteffekt für den Tritt. Bei voller Streckung des Tritts sind die Muskeln des Bauches und die ganze rechte Seite des Rückens vollständig anzuspannen (7). Das Bein auf demselben Weg zurückziehen. Den rechten Fuß zurückschnappen lassen und in die Ausgangsposition zurückkehren (8, 9, 10).

Im Unterschied zum Seitwärtstritt auf gerader Linie und zum Hakentritt mit hochgezogenem Fußschlag wird der Halbkreistritt in einem Kreisbogen nach vorn ausgeführt, der mit angezogenem Knie beginnt (siehe Zeichnung).

2

4

5

6

8

9

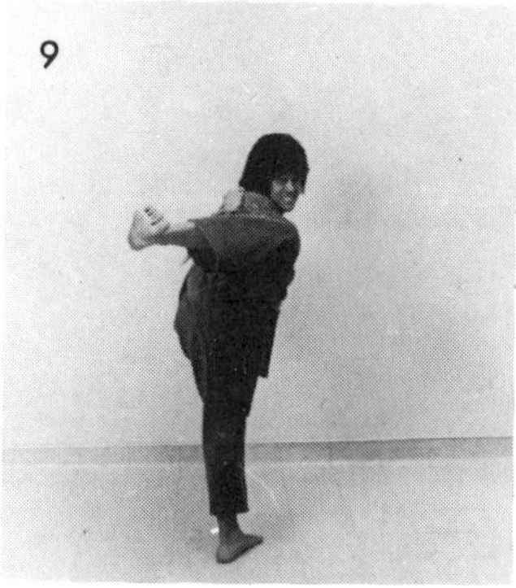

10

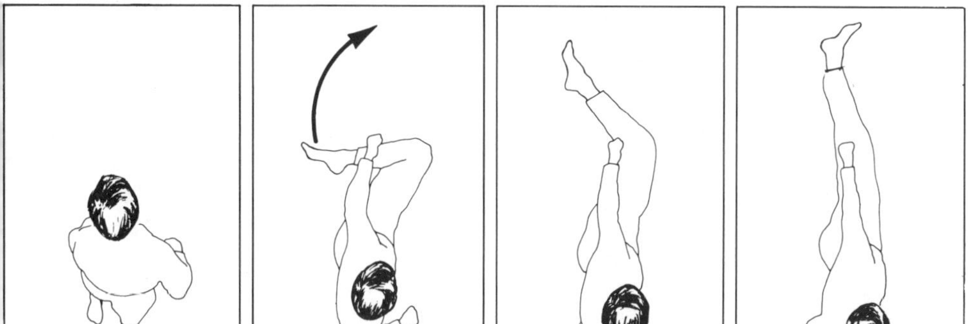

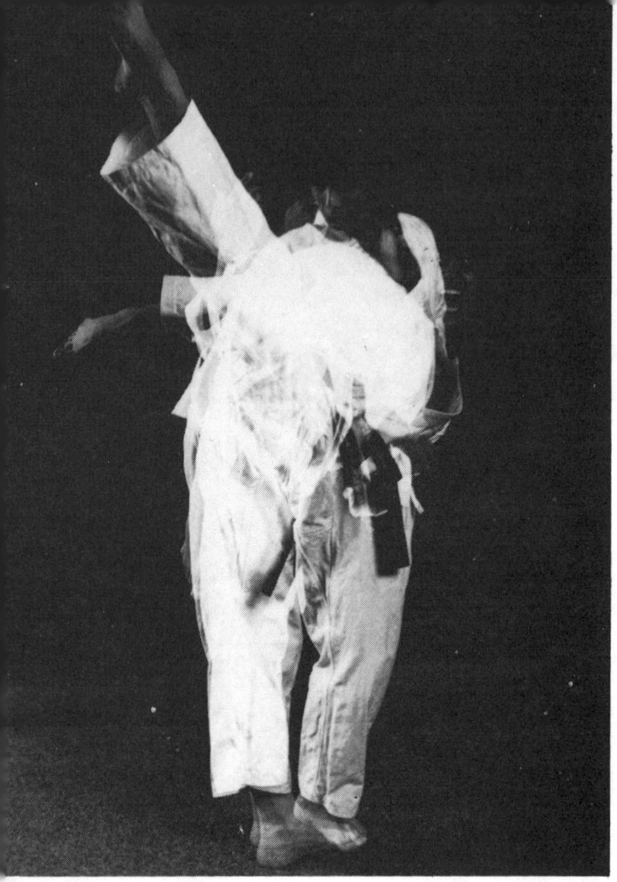

1

5

9

30-Grad-Halbkreistritt in der Grundform

Der linke Fuß ist vorn (1). Den Oberkörper nach links drehen, als wolle man einen Fauststoß rechts ausführen (2, 3). Die rechte Hüftseite nach vorn schieben, während man gleichzeitig das rechte Knie vorn hochhebt. Dabei soll der rechte Fuß dicht am linken Bein vorbeistreifen (4). Das Knie jetzt hochreißen und die rechte Hüfte scharf nach links unten drehen, während man das Bein streckt. Dabei den Fuß in einem Bogen nach oben schnappen. Bei voller Ausdehnung des Tritts sind die Muskeln des rechten Beins anzuspannen und die rechte Seite des Rückens zu straffen. Das Gesicht über die rechte Schulter drehen (5, 6, 7). Dann wieder entspannen und das Bein auf demselben Weg in die Ausgangsposition zurückziehen (8-12).

2

3

4

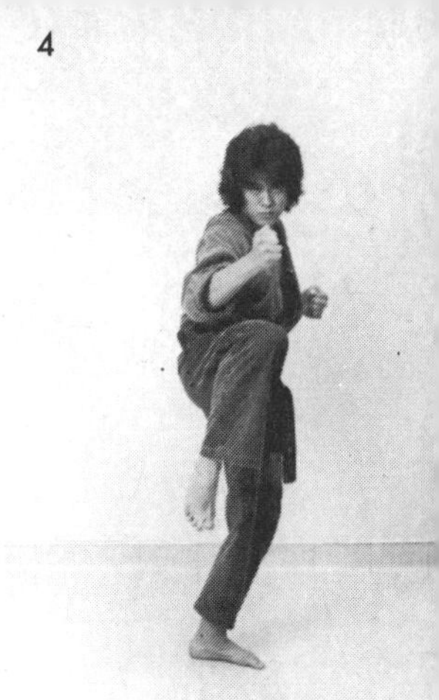

6

7

8

10

11

12

1

4

8

Gleitender Halbkreistritt

Der rechte Fuß ist vorn. Das rechte Bein beugen und das Gewicht auf das linke Bein verlagern (1). Ohne vorher das Bein anzuziehen, nun den rechten Fuß in einem Halbkreis nach oben führen und dabei die rechte Hüftseite nach links unten drehen (2, 3, 4). Bei voller Streckung des Tritts muß die rechte Rückenseite straff gewölbt sein und das Gesicht über die rechte Schulterseite gedreht werden. Der ganze Schwung ist dabei auf den Spann des Standfußes zu übertragen (5). Hat der Tritt sein Ziel erreicht, wird das Trittbein durch die Elastizität des Körpers wieder zurückgezogen. Den Fuß wieder auf den Boden setzen (6-10).

2

3

5

6

7

9

10

1

4

Halbkreistritt im Vorwärtssteppen

8

Rechtsstellung einnehmen. Die rechte Faust ziemlich nah am Körper halten (1). Die Faust nach vorn schnappen lassen, entweder um zu täuschen oder um einen wirklichen Fauströckenschlag auszuführen. Diesen Moment verwenden, um das linke Bein nach vorn (an das rechte Bein) heranzuziehen (2, 3). Das Gewicht auf das linke Bein verlagern, gleichzeitig die Faust zurückziehen und mit dem Tritt beginnen (4). Den rechten Fuß in einem Bogen nach vorn hochziehen und den rechten Ellbogen nach hinten senken, während man die rechte Hand herüberreißt (5, 6). Diese Gegendrehbewegung bei voller Ausdehnung des Trittes durchführen, so daß die rechte Rückenseite gestrafft und das rechte Bein gespannt sind (7). Die Spannung lösen und das rechte Bein wieder in die Ausgangsposition zurückziehen (8, 9, 10).

2

3

5

6

7

9

10

1

4

7

Halbkreistritt im Vorwärtssprung

Der rechte Fuß ist vorn (1). Das linke Bein hinten halten und mit dem rechten Fuß nach vorn springen. Die linke Hand aufwärtsstoßen, um einen zusätzlichen Kraftimpuls für den Tritt zu erreichen (2). Auf der Höhe des Sprungs etwas zögern und dann die linke Hand zurückreißen, während man gleichzeitig die linke Hüfte nach vorn schiebt und das Bein streckt (3, 4). Bei voller Streckung die Muskeln im linken unteren Rücken und in beiden Beinen vollständig anspannen (5). Während man das linke Bein zurückzieht, auf dem rechten Bein aufsetzen (6, 7). Das linke Bein nach unten in die Linksstellung zurückführen (8).

2

3

5

6

8

1

4

Halbkreistritt aus dem Rückwärtssprung

Der rechte Fuß ist vorn (1). Das Körpergewicht auf das hintere Bein verlagern und hochspringen. Dabei den rechten Fuß und die Schulter zurückziehen (2, 3). Das linke Bein nach vorn bringen und strecken. Bevor es vollständig gestreckt ist, muß die linke Schulter zurückgezogen werden (4). Bei voller Ausdehnung des Tritts die Muskeln in der linken unteren Rückenpartie und beide Beine vollständig anspannen (5). Mit gleichzeitigem Zurückziehen des linken Beines auf dem rechten Bein aufsetzen (6, 7). Das linke Bein nach unten in die Linksstellung zurückführen (8).

Dies ist genau genommen ein defensiver Tritt. Man muß weit genug zurückspringen, um noch – geschützt vor einem möglichen gegnerischen Angriff – den Tritt vollständig ausdehnen zu können. Man muß aber auch noch nahe genug stehen, um den Gegner mit dem Tritt treffen zu können.

7

2

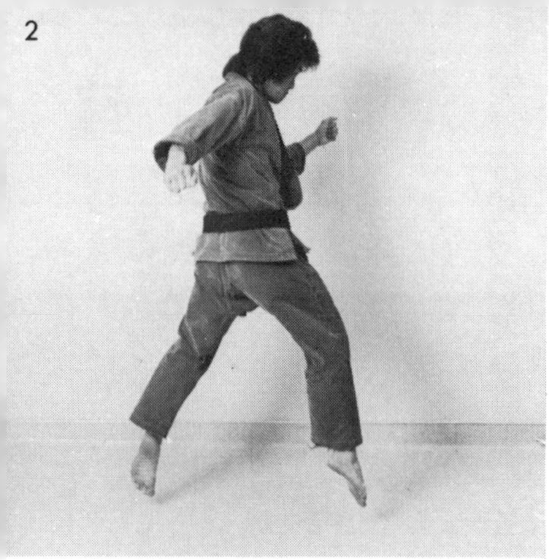

3

5

6

8

Halbkreistritt aus der Rückwärtsdrehung

Der linke Fuß ist vorn (Linksstellung), das meiste Körpergewicht lastet auf dem rechten Bein (1). Das Gewicht auf dem rechten Fuß halten, dabei den Kopf – geführt von den Schultern – rasch um 360 Grad im Uhrzeigersinn drehen (2, 3). Jetzt das Gewicht auf das linke Bein verlagern, mit dem rechten Fuß dicht am Standbein vorbeistreifen und das Knie und die rechte Hüftseite nach vorn schwingen (4). Das rechte Knie hochreißen und den Fuß in einem Bogen zum Ziel schnappen lassen (5, 6, 7). Bei voller Beinstreckung sind die Muskeln des rechten Beins anzuspannen und die rechte Seite des Rückens zu straffen (8). Die Spannung lösen und das Trittbein wieder in die angezogene Haltung zurückziehen (9, 10). Den rechten Fuß sacht vor dem Körper am Boden absetzen (11, 12).

5

1

9

2

3

4

6

7

8

10

11

12

1

4

8

Seitwärtstritt aus der Bodenlage

Der rechte Fuß ist vorn (1). Über das linke Bein zurücklehnen und Hände zum Boden führen, während man über die rechte Schulter sieht. Zur gleichen Zeit das rechte Knie dicht an die rechte Schulter ziehen. Auf den beiden Händen, dem linken Knie und dem Fußballen abstützen (2, 3). Den Seitwärtstritt ausführen. Dabei muß der rechte Fuß eine gerade Linie beschreiben (4). Bei voller Streckung des Tritts die Schultern, die Muskeln im rechten Bein und die ganze rechte Seite des unteren Rückens anspannen. Das Körpergewicht lastet vorrangig auf den beiden Händen und dem linken Fußballen (5). Die Spannung lösen und das rechte Bein senken. Das Gewicht nach vorn verlagern. Nun drückt man sich auf dem linken Bein nach oben und erhebt sich vollends. Wieder in die Ausgangsposition zurückkehren (6-10).

2

3

5

6

7

9

10

1

3

7

11

Halbkreistritt aus der Bodenlage

Rechtsstellung einnehmen (1). Den Oberkörper über das linke Knie zurückdrehen und sich auf die Hände niederfallen lassen. Das rechte Knie dabei hochreißen. Man sollte sich dabei auf die Hände und den linken Fuß stützen (2, 3). Dann unter Einsatz des rechten Knies den Halbkreisfußtritt aufwärts ausführen (4, 5). Bei voller Trittausdehnung die rechte untere Rückenseite und das rechte Bein vollständig anspannen, ebenso die Schultern. Die Hände dabei fest gegen den Boden drücken (6). Die Spannung im rechten Bein lösen (7) und das Bein dann wieder zurückziehen (8). Den rechten Fuß am Boden absetzen und das linke Knie zur Brust ziehen (9, 10, 11). Dann wieder in die Rechtsstellung erheben (12, 13).

2

4

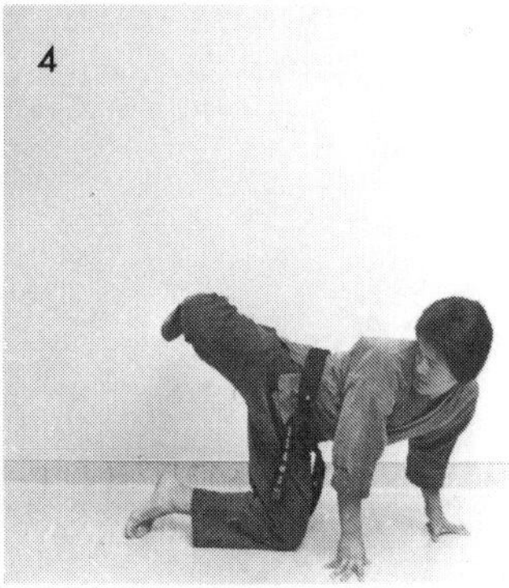

5

6

8

9

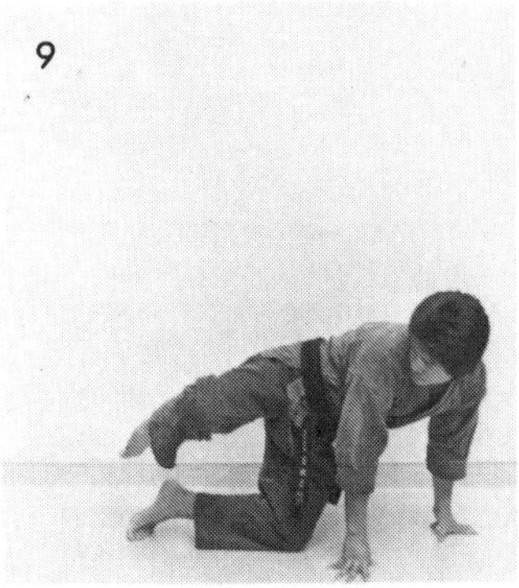

10

12

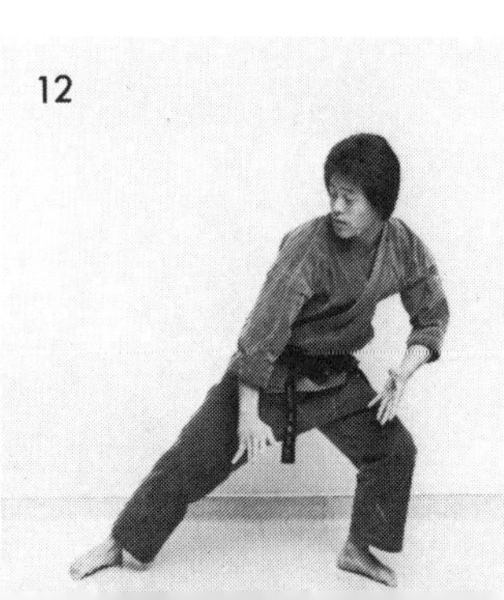

13

1

5
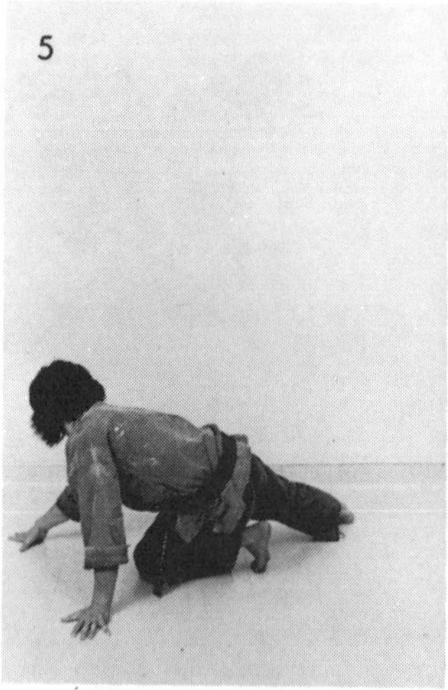

9

Drehtritt aus der Bodenlage

Der linke Fuß ist vorn (1). Das meiste Körpergewicht auf das rechte Bein verlagern und sich dann um 180 Grad im Uhrzeigersinn drehen. Dabei das Ziel über die linke Schulter anvisieren (2). Auf dem linken Knie am Boden niederlassen und die linke Hand vor den rechten Fuß bringen. Nun rasch den Kopf rechts herumdrehen, um über die rechte Schulter nach hinten schauen zu können (3, 4). Das linke Knie nach vorn ziehen, während man gleichzeitig das rechte Bein im Uhrzeigersinn gestreckt herumzieht. Im Augenblick, in dem das rechte Bein den Schlag ausführt, muß man die rechte Hand zum Boden führen. Auf beiden Händen abstützen, ebenso auf dem linken Knie und dem Fußballen (5). Während der vollen Ausdehnung des Tritts die rechten Gesäßmuskeln vollständig anspannen (6, 7). Während das rechte Bein die kreisförmige Bewegung weiterführt, das Trittknie beugen und den rechten Fußballen hinten auf den Boden setzen. Das linke Knie sollte jetzt leicht vom Boden hochkommen (8, 9). Diesen Moment nutzen (die linke Hand dient als Unterstützung), um sich nach vorn zu lehnen. Wieder in die Ausgangsstellung erheben. Durch die schwunghafte Bewegung der rechten Hand von ihrer Ausgangsposition am Boden zur rechten Körperseite erzielt man einen zusätzlichen Auftrieb (10, 11, 12).

2

3

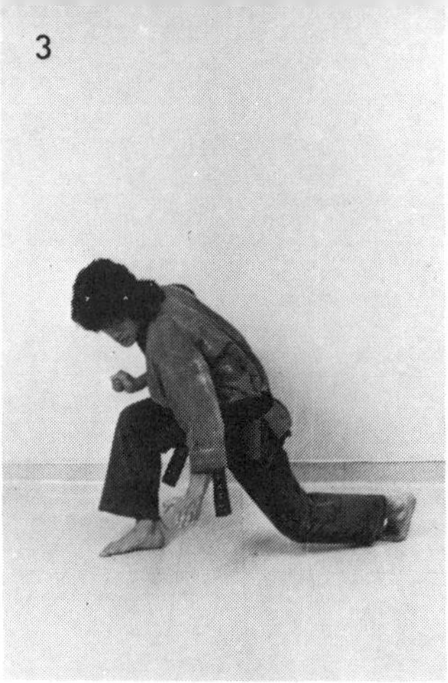

4

6

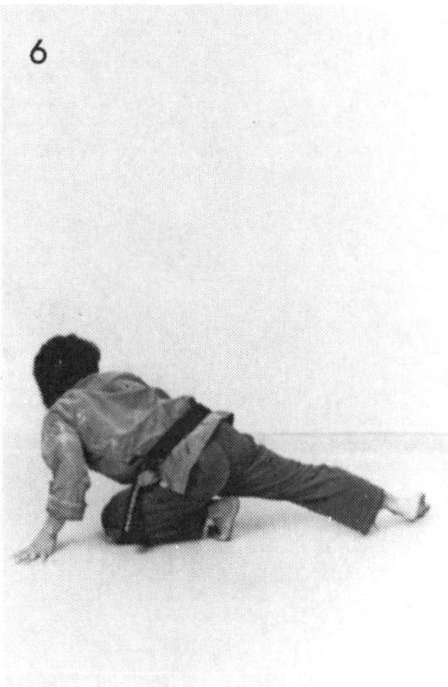

7

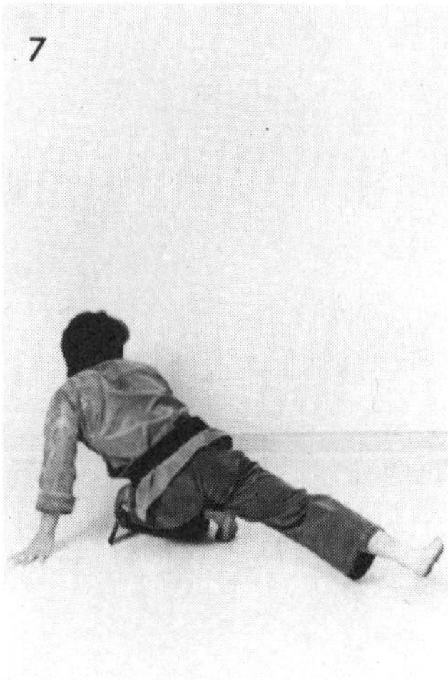

8

10

11

12

Über den Autor

Beobachtet man Chong Lees Tritte, so ist es, als ob man von Energiewellen getroffen wird. Er beginnt locker. Dann auf einmal, fast unmerklich, schießt es wie ein Stromstoß, der sich mit enormer Geschwindigkeit seinen Weg bahnt, durch seinen Körper. Die Muskeln ziehen sich in letzter Sekunde zusammen und Kraft beginnt buchstäblich durch den Fuß zu zucken. Sogar aus der Entfernung kann man fühlen, wie er die Luft durchstößt.

Vielleicht ist es gerade Chong Lees Haltung, welche die Wirksamkeit seiner Tritte ausmacht, sowohl im Training als auch im Wettkampf. »Wenn Menschen, die mich beim Treten beobachten, nicht aus der Distanz meinen Tritt fühlen können, dann habe ich ihn falsch ausgeführt!« sagt er. »Kunst muß im Betrachter eine Empfindung auslösen.« Die Begeisterung, die Lee vermittelte, als er im Rahmen einer internationalen Veranstaltung 1974 in Long Beach die Meisterschaft in der Disziplin der Form errang, bewies jedermann sein Können.

In der Tat, Chong Lees Tritte sind kraftvoll anzuschauen, sie zeugen von einer Fähigkeit, die er nur während vieler Jahre der praktischen Ausübung entwickeln konnte. Im Alter von fünf Jahren verbrachte der junge Lee jeden Augenblick, der ihm gestattet wurde, in einem nachbarschaftlich gelegenen Dojang, um dort unter Anleitung eines führenden Taek-

won-Do-Meisters, Chong Byung Wha, die Kampfkunst Ji Do Kwon zu erlernen. Er spielte nur selten mit anderen Jungen, weil er ihre Spiele als kindisch betrachtete. Demgegenüber bestand seine Welt aus verheerenden Tritten, Freikampf und Formen.

Mit sieben Jahren erwarb Chong Lee den ersten schwarzen Gürtel; er wurde in Taekwon-Do-Kreisen als einer der jüngsten Träger des schwarzen Gürtels seiner Zeit berühmt. In Hinsicht auf Vorführungen herrschte ständig Nachfrage nach ihm, einmal wegen seines eindrucksvollen und raffinierten Repertoires an Techniken wie auch wegen seiner Jugend.

Mit zunehmender Reife und größerer Bekanntheit wuchs auch Lees Begeisterung. Mit neun Jahren beschloß er, angeregt duch alte koreanische Filme über die Kampfkunst, von zu Hause wegzugehen.

Sein Ziel waren die Berge, wo die legendären Mönche leben sollten. Aber er erkannte rechtzeitig, daß das Mönchsleben für ihn nur ein Traum war.

Noch immer war Lee auf der Suche nach Lehrern, die in der Lage sein würden, ihn in der Disziplin zu unterrichten, an der er selbst am meisten interessiert war – dem Vollkontakt-Kampf. Im Alter von elf Jahren, entschlossen, mehr als nur Taekwon-Do zu lernen, trat er in eine Akademie für Thai-Boxen ein. Dort lernte er, hart zu kämpfen. Er brach sich seinen Kiefer zweimal, seinen Vorderarm und die Zehen

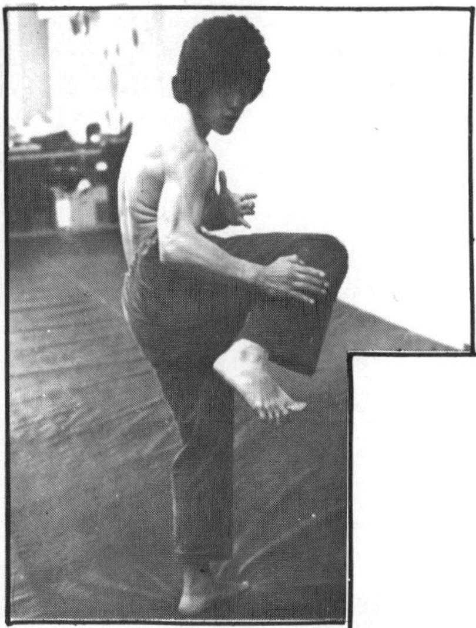

mehrere Male. Aber dennoch hielt er es dort zwei Jahre aus, um seine Fähigkeiten in dieser Kampfkunst zu vervollkommnen. Als sich die Gelegenheit für seine Familie bot, in die Vereinigten Staaten zu gehen, ergriff er sofort diese Chance. Die Familie Lee siedelte nach Kalifornien über.

In Los Angeles wurde Lee in das amerikanische Nichtkontakt-Karate eingeführt. Mit seiner Erfahrung im Vollkontakt dauerte es mehrere Jahre, bis er sich auf dieses neue System eingestellt hatte. Er wurde ständig wegen Kontakt zum Kopf disqualifiziert; aber der Versuch, seine Angriffe unter Kontrolle zu halten, hieß für ihn, auf sein eigentliches kämpferisches Talent zu verzichten. Obwohl er schließlich lernte, seine Tritte den Regeln anzupassen, engagierte er sich nach einigem Zögern mehr für Figuren- und Vollkontakt-Kampf – eine ungewöhnliche Kombination, die ihm persönlich aber lag.

Jung und kraftvoll ist Chong Lee heute ständig darum bemüht, Neuerungen im Hinblick auf dynamische Tritte einzuführen. Er ist einer der wenigen Menschen, die zum Beispiel in der Lage sind, Dreifach-Tritte unterschiedlicher Art in der Luft auszuführen, und obgleich viele den Anspruch darauf erheben, ist er einer der Wenigen, die wirklich kraftvolle Tritte aus fast jedem beliebigen Winkel ausführen können. Praktisches Treten weist Chong Lee als einen Kämpfer aus, aber das, was seine Größe ausmacht, ist ohne jeden Zweifel sein erfindungsreicher Stil.

Gesamt-Programm

Stand Winter 1986

Essen und Trinken

Köstliche Suppen
für jede Tages- und Jahreszeit. (5122) Von E. Fuhrmann, 64 S., 38 Farbfotos, 2 Zeichnungen, Pappband.
DM 14,80/S 119.–

Was koche ich heute?
Neue Rezepte für Fix-Gerichte. (0608) Von A. Badelt-Vogt, 112 S., 16 Farbtafeln, kart. **DM 9,80**/S 79.–

Kochen für 1 Person
Rationell wirtschaften, abwechslungsreich und schmackhaft zubereiten. (0586) Von M. Nicolin, 136 S., 8 Farbtafeln, 23 Zeichnungen, kart.
DM 9,80/S 79.–

Schnell und individuell
Die raffinierte Single-Küche
(4266) Von F. Faist, 160 S., 151 Farbfotos, Pappband. **DM 24,80**/S 198,–

Gesunde Kost aus dem Römertopf
(0442) Von J. Kramer, 128 S., 8 Farbtafeln, 13 Zeichnungen, kart.
DM 8,80/S 74.–

Nudelgerichte
– lecker, locker, leicht zu kochen. (0466) Von C. Stephan, 80 S., 8 Farbtafeln, kart.
DM 7,80/S 69.–

Lieblingsrezepte
Phantasievoll zubereitet und originell dekoriert. (4234) Hrsg. P. Diller. 160 S., 120 Farbfotos, 34 Zeichnungen, Pappband. **DM 24,80**/S 198,–

Omas Küche und unsere Küche heute
(4089) Von J. P. Lemcke, 160 S., 8 Farbtafeln, 95 Zeichnungen, Pappband.
DM 24,80/S 198.–

Die besten Eintöpfe und Aufläufe
Das Beste aus den Kochtöpfen der Welt (5079) Von A. und G. Eckert, 64 S., 50 Farbfotos, Pappband.
DM 14,80/S 119.–

FALKEN-FEINSCHMECKER
Herzhaftes für Leib und Seele
Eintöpfe
(0820) Von P. Klein, 48 S., 30 Farbfotos, Pappband. **DM 9,80**/S 79.–

Schnell und gut gekocht
Die tollsten Rezepte für den Schnellkochtopf. (0265) Von J. Ley, 96 S., 8 Farbtafeln, kart. **DM 7,80**/S 69.–

Kochen und backen im Heißluftherd
Vorteile, Gebrauchsanleitung, Rezepte. (0516) Von K. Kölner, 72 S., 8 Farbtafeln, kart. **DM 7,80**/S 69.–

Das neue Mikrowellen-Kochbuch
(0434) Von H. Neu, 64 S., 4 Farbtafeln, 16 s/w Zeichnungen, kart.
DM 6,80/S 59.–

Ganz und gar mit Mikrowellen
(4094) Von T. Peters, 208 S., 24 Farbfotos, 12 Zeichnungen, kart.
DM 29,80/S 239.–

FALKEN-FEINSCHMECKER
Schnell auf den Tisch gezaubert
Kochen mit Mikrowellen
(0818) Von A. Danner, 64 S., 52 Farbfotos, Pappband. **DM 9,80**/S 79.–

Haltbar machen durch
Trocknen und Dörren
Obst, Gemüse, Pilze, Kräuter (0696) Von M. Bustorf-Hirsch, 32 S., 42 Farbfotos, Spiralbindung.
DM 7,80/S 69,–

Marmeladen, Gelees und Konfitüre
Köstlich wie zu Omas Zeiten – einfach selbstgemacht. (0720) Von M. Gutta, 32 S., 23 Farbfotos, 1 Zeichnung, Pappband. **DM 7,80**/S 69,–

Einkochen
nach allen Regeln der Kunst. (0405) Von B. Müller, 128 S., 8 Farbtafeln, kart.
DM 9,80/S 79.–

Einkochen, Einlegen, Einfrieren
(4055) Von B. Müller, 27 s/w.-Abb., kart.
DM 14,80/S 119.–

Das neue Fritieren
geruchlos, schmackhaft und gesund. (0365) Von P. Kühne, 96 S., 8 Farbtafeln, kart. **DM 7,80**/S 69.–

Weltmeister-Soßen
Die Krönung der feinen Küche. (0357) Von G. Cavestri, 96 S., 4 Farbtafeln, 80 Zeichnungen, kart. **DM 9,80**/S 79.–

FALKEN-FEINSCHMECKER
Die Krönung der feinen Küche
Saucen
(0817) Von G. Cavestri, 48 S., 40 Farbfotos, Pappband. **DM 9,80**/S 79.–

Wildgerichte
einfach bis raffiniert. (5115) Von M. Gutta, 64 S., 43 Farbfotos, Pappband.
DM 14,80/S 119.–

Geflügel
Die besten Rezepte aus aller Welt. (5050) Von M. Gutta, 64 S., 32 Farbfotos, Pappband. **DM 14,80**/S 119.–

Mehr Freude und Erfolg beim **Grillen**
(4141) Von A. Berliner, 160 S., 147 Farbfotos, 10 farbige Zeichnungen, Pappband. **DM 24,80**/S 198.–

Grillen
Fleisch · Fisch · Beilagen · Soßen. (5001) Von E. Fuhrmann, 64 S., 38 Farbfotos, Pappband. **DM 14,80**/S 119.–

Chinesisch kochen
Schmackhafte Rezepte für die abwechslungsreiche Küche. (5011) Von A. und G. Eckert, 64 S., 57 Farbfotos, Pappband.
DM 14,80/S 119.–

Chinesisch kochen
mit dem Wok-Topf und dem Mongolen-Topf. (0557) Von C. Korn, 64 S., 8 Farbtafeln, kart. **DM 7,80**/S 69.–

Schlemmerreise durch die
Chinesische Küche
(4184) Von Kuo Huey Jen, 160 S., 117 Farbfotos, Pappband.
DM 24,80/S 198,–

Ostasiatische Küche
schmackhaft, bekömmlich und vielseitig. (5066) Von T. Sozuki, 64 S., 39 Farbfotos, Pappband. **DM 14,80**/S 119.–

Nordische Küche
Speisen und Getränke von der Küste. (5082) Von J. Kürtz, 64 S., 44 Farbfotos, Pappband. **DM 14,80**/S 119.–

Deutsche Küche
Schmackhafte Gerichte von der Nordsee bis zu den Alpen. (5025) Von E. Fuhrmann, 64 S., 52 Farbfotos, Pappband.
DM 14,80/S 119.–

Essen in Hessen
Spezialitäten zwischen Schwalm und Odenwald
(0837) Von R. Witt, 120 S., 10 s/w-Zeichnungen, Pappband.
DM 12,80/S 99.–

Französisch kochen
Eine kulinarische Reise durch Frankreich. (5016) Von M. Gutta, 64 S., 35 Farbfotos, Pappband. **DM 14,80**/S 119.–

Französische Küche
(0685) Von M. Gutta, 96 S., 16 Farbtafeln, kart. **DM 8,80**/S 74.–

Französische Spezialitäten aus dem Backofen
Herzhafte Tartes und Quiches mit Fleisch, Fisch, Gemüse und Käse (5146) Von P. Klein, 64 S., 43 Farbfotos, Pappband. **DM 16,80**/139,–

Kochen und würzen mit **Knoblauch**
(0725) Von A. und G. Eckert, 96 S., 8 Farbtafeln, kart. **DM 7,80**/S 69,–

Schlemmerreise durch die
Italienische Küche
(4172) Von V. Pifferi. 160 S., 109 Farbfotos, Pappband. **DM 24,80**/S 198,–

Pizza, Pasta und die feine italienische Küche
(4270) Von R. Rudatis, 120 S., 255 Farbfotos, Pappband. **DM 19,80**/S 159,–

Italienische Küche
Ein kulinarischer Streifzug mit regionalen Spezialitäten. (5026) Von M. Gutta, 64 S., 35 Farbfotos, Pappband.
DM 14,80/S 119.–

Köstliche Pizzas, Toasts, Pasteten
Schmackhafte Gerichte schnell zubereitet. (5081) Von A. und G. Eckert, 64 S., 46 Farbfotos, Pappband.
DM 14,80/S 119.–

FALKEN VERLAG

FALKEN-FEINSCHMECKER
Schlemmen wie bei Mamma Maria
Pizzas
(0815) Von F. Faist, 64 S., 62 Farbfotos, Pappband. **DM 9,80**/S 79.–

Köstliche Pilzgerichte
Rezepte für die meistvorkommenden Speisepilze. (5133) Von V. Spicker-Noack, M. Knoop, 64 S., 52 Farbfotos, Pappband. **DM 14,80**/S 119.–

Am Tisch zubereitet
Fondues, Raclettes, Flambieren. (4152) Von I. Otto, 208 S., 12 Farbtafeln, 17 s/w-Fotos, Pappband. **DM 24,80**/S 198.–

Köstliche Fondues
mit Fleisch, Geflügel, Fisch, Käse, Gemüse und Süßem. (5006) Von E. Fuhrmann, 64 S., 50 Farbfotos, Pappband. **DM 14,80**/S 119.–

Fondues
und fritierte Leckerbissen. (0471) Von S. Stein, 96 S., 8 Farbtafeln, kart. **DM 6,80**/S 59.–

Fondues · Raclettes · Flambiertes
(4081) Von R. Peiler und M.-L. Schult, 136 S., 15 Farbtafeln, 28 Zeichnungen, kart. **DM 14,80**/S 119.–

Neue, raffinierte Rezepte mit dem Raclette-Grill
(0558) Von L. Helger, 56 S., 8 Farbtafeln, kart. **DM 7,80**/S 69.–

Rezepte rund um Raclette und Hobby-Rechaud
(0420) Von J. W. Hochscheid, 72 S., 8 Farbtafeln, kart. **DM 7,80**/S 69.–

Fondues und Raclettes
(4253) Von F. Faist, 160 S., 125 Farbfotos, Pappband. **DM 24,80**/S 198.–

Kochen und Würzen mit
Paprika
(0792) Von A. u. G. Eckert, 88 S., 8 Farbtafeln, kart. **DM 8,80**/S 74.–

Kleine Kalte Küche
für Alltag und Feste. (5097) Von A. und G. Eckert, 64 S., 45 Farbfotos, Pappband. **DM 12,80**/S 99.–

Kalte Platten – Kalte Büfetts
rustikal bis raffiniert. (5015) Von M. Gutta, 64 S., 34 Farbfotos, Pappband. **DM 14,80**/S 119.–

Kalte Happen und Partysnacks
Canapés, Sandwiches, Pastetchen, Salate und Suppen. (5029) Von D. Peters, 64 S., 44 Farbfotos, Pappband. **DM 14,80**/S 119.–

Garnieren und Verzieren
(4236) Von R. Biller, 160 S., 329 Farbfotos, 57 Zeichnungen, Pappband. **DM 24,80**/S 198.–

Desserts
Puddings, Joghurts, Fruchtsalate, Eis, Gebäck, Getränke. (5020) Von M. Gutta, 64 S., 41 Farbfotos, Pappband. **DM 14,80**/S 119.–

Crêpes, Omeletts und Soufflés
Pikante und süße Spezialitäten. (5131) Von J. Rosenkranz, 64 S., 45 Farbfotos, Pappband. **DM 14,80**/S 119.–

Kuchen und Torten
Die besten und beliebtesten Rezepte. (5067) Von M. Sauerborn, 64 S., 79 Farbfotos, Pappband. **DM 14,80**/S 119.–

Tortenträume und Kuchenfantasien
Gebackene Köstlichkeiten originell dekoriert und verziert
(0823) Von F. Faist, 80 S., 150 Farbfotos, kart. **DM 19,80**/S 159.–

Schönes Hobby Backen
Erprobte Rezepte mit modernen Backformen. (0451) Von E. Blome, 96 S., 8 Farbtafeln, kart. **DM 7,80**/S 69.–

Backen, was allen schmeckt
Kuchen, Torten, Gebäck und Brot. (4166) Von E. Blome, 556 S., 40 Farbtafeln, Pappband. **DM 24,80**/S 198.–

Meine Vollkornbackstube
Brot · Kuchen · Aufläufe. (0616) Von R. Raffelt, 96 S., 4 Farbtafeln, 12 Zeichnungen, kart. **DM 6,80**/S 59.–

FALKEN-FEINSCHMECKER
Mit Körnern, Zimt und Mandelkern
Vollkorngebäck
(0816) Von M. Bustorf-Hirsch, 48 S., 39 Farbfotos, Pappband. **DM 9,80**/ S 79.–

Biologisch Backen
Neue Rezeptideen für Kuchen, Brote, Kleingebäck aus vollem Korn. (4174) Von M. Bustorf-Hirsch, 136 S., 15 Farbtafeln, 47 Zeichnungen, kart. **DM 14,80**/S 119.–

Selbst Brotbacken
Über 50 erprobte Rezepte. (0370) Von J. Schiermann, 80 S., 6 Zeichnungen, 4 Farbtafeln, kart. **DM 6,80**/S 59.–

Mehr Freude und Erfolg beim
Brotbacken
(4148) Von A. und G. Eckert, 160 S., 177 Farbfotos, Pappband. **DM 24,80**/S 198.–

Brotspezialitäten
knusprig backen – herzhaft kochen. (5088) Von J. W. Hochscheid und L. Helger, 64 S., 48 Farbfotos, Pappband. **DM 14,80**/S 119.–

Weihnachtsbäckerei
Köstliche Plätzchen, Stollen, Honigkuchen und Festtagstorten. (0682) Von M. Sauerborn, 32 S., 36 Farbfotos, Pappband. **DM 7,80**/S 69.–

Waffeln
süß und pikant. (0522) Von C. Stephan, 64 S., 8 Farbtafeln, kart. **DM 6,80**/S 59.–

Kochen für Diabetiker
Gesund und schmackhaft für die ganze Familie. (4132) Von M. Toeller, W. Schumacher, A. C. Groote, 224 S., 109 Farbfotos, 94 Zeichnungen, Pappband. **DM 29,80**/S 239.–

Neue Rezepte für Diabetiker-Diät
Vollwertig – abwechslungsreich – kalorienarm. (0418) Von M. Oehlrich, 120 S., 8 Farbtafeln, kart. **DM 9,80**/S 79.–

Schlemmertips für Figurbewußte
(0680) Von V. Kahn, 64 S., 8 Farbtafeln, kart. **DM 9,80**/S 79.–

Wer schlank ist, lebt gesünder
Tips und Rezepte zum Schlankwerden und -bleiben. (0562) Von R. Mainer, 80 S., 8 Farbtafeln, kart. **DM 8,80**/S 74.–

Kalorien – Joule
Eiweiß · Fett · Kohlenhydrate tabellarisch nach gebräuchlichen Mengen. (0374) Von M. Bormio, 88 S., kart., **DM 6.80**/59.–

Alles mit Joghurt
tagfrisch selbstgemacht. Mit vielen Rezepten. (0382) Von G. Volz, 88 S., 8 Farbtafeln, kart., **DM 7,80**/S 69.–

Gesund leben – schlank werden mit der
Bio-Kur
(0657) Von S. Winter. 144 S., 4 Farbtafeln, kart. **DM 9,80**/S 79.–

Miekes Kräuter- und Gewürzkochbuch
(0323) Von I. Persy und K. Mieke, 96 S., 8 Farbtafeln, kart. **DM 8,80**/S 74.–

Delikate Salate
für alle Gelegenheiten rund um's Jahr. (5002) Von E. Fuhrmann, 64 S., 50 Farbfotos, Pappband. **DM 14,80**/S 119.–

Das köstliche knackige Schlemmervergnügen.
Salate
(4165) Von V. Müller. 160 S., 80 Farbfotos, Pappband. **DM 24,80**/S 198.–

111 köstliche Salate
Erprobte Rezepte mit Pfiff. (0222) Von C. Schönherr, 96 S., 8 Farbtafeln, 30 Zeichnungen, kart. **DM 8,80**/S 74.–

Rohkost
Schmackhafte Gerichte für die gesunde Ernährung. (5044) Von I. Gabriel, 64 S., 53 Farbfotos, Pappband. **DM 14.80**/S 119.–

Joghurt, Quark, Käse und Butter
Schmackhaftes aus Milch hausgemacht. (0739) Von M. Bustorf-Hirsch. 32 S., 59 Farbabb., Pappband. **DM 7,80**/S 69.–

Die abwechslungsreiche Vollwertküche
Vitaminreich und naturbelassen kochen und backen. (4229) Von M. Bustorf-Hirsch, K. Siegel, 280 S., 31 Farbtafeln, 78 Zeichnungen, Pappband. **DM 36,–**/ S 319.–

Alternativ essen
Die gesunde Sojaküche. (0553) Von U. Kolster, 112 S., 8 Farbtafeln, kart. **DM 9,80**/S 79.–

Das Reformhaus-Kochbuch
Gesunde Ernährung mit hochwertigen Naturprodukten. (4180) Von A. u. G. Eckert, 160 S. 15 Farbtafeln, Pappband. **DM 29,80**/S 239.–

Gesund kochen mit Keimen und Sprossen
(0794) Von M. Bustorf-Hirsch, 104 S., 8 Farbtafeln, 13 s/w-Zeichnungen, kart. **DM 8,80**/S 74.–

Die feine Vegetarische Küche
(4235) Von F. Faist, 160 S., 191 Farbfotos, Pappband. **DM 24,80**/S 198.–

Biologische Ernährung
für eine natürliche und gesunde Lebensweise. (4125) Von G. Leibold, 136 S., 15 Farbtafeln, 47 Zeichnungen, kart. **DM 14,80**/S 119.–

Gesunde Ernährung für mein Kind
(0776) Von M. Bustorf-Hirsch, 96 S., 8 Farbtafeln, 5 s/w Zeichnungen, kart. **DM 9,80**/S 79.–

Vitaminreich und naturbelassen
Biologisch Kochen
(4162) Von M. Bustorf-Hirsch und K. Siegel, 144 S., 15 Farbtafeln, 31 Zeichnungen, kart., **DM 14,80**/S 119.–

Gesund kochen
wasserarm · fettfrei · aromatisch. (4060) Von M. Gutta, 240 S., 16 Farbtafeln, Pappband. **DM 29,80**/S 239.–

Kräuter- und Heilpflanzen-Kochbuch
für eine gesunde Lebensweise. (4066) Von P. Pervenche, 143 S., 15 Farbtafeln, kart. **DM 14,80**/S 119.–

Pralinen und Konfekt
Kleine Köstlichkeiten selbstgemacht. (0731) Von H. Engelke, 32 S., 57 Farbfotos, Pappband. **DM 7,80**/S 69.–

FALKEN-FEINSCHMECKER
Zart schmelzende Versuchungen
Schokolade
(0819) Von J. Schroer, 48 S., 53 Farbfotos, Pappband. **DM 9,80**/S 79.–

Köstlichkeiten für Gäste und Feste
Kalte Platten
(4200) Von I. Pfliegner, 160 S., 130 Farbfotos, Pappband. **DM 24,80**/ S 198,–

Kochen für Gäste
Köstliche Menüs mit Liebe zubereitet. (5149) Von R. Wesseler, 64 S., 40 Farbfotos, Pappband. **DM 14,80**/S 119,–

Das richtige Frühstück
Gesunde Vollwertkost vitaminreich und naturbelassen.
(0784) Von C. Kratzel und R. Böll, 32 S., 28 Farbfotos, Pappband. **DM 7,80**/S 69.–

Bocuse à la carte
Französisch kochen mit dem Meister. (4237) Von P. Bocuse, 88 S., 218 Farbfotos, Pappband. **DM 19,80**/S 159,–
Auch als Video-Kassette erhältlich

Kochschule mit Paul Bocuse
(6016/VHS, 6017/Video 2000, 6018/Beta), 60 Min. in Farbe. **DM 69,–**/S 619,–
(unverbindliche Preisempfehlung)

Natursammlers Kochbuch
Wildfrüchte und Gemüse, Pilze, Kräuter – finden und zubereiten. (4040) Von C. M. Kerler, 140 S., 12 Farbtafeln, kart. **DM 19,80**/S 159,–

Neue Cocktails und Drinks
mit und ohne Alkohol. (0517) Von S. Späth, 128 S., 4 Farbtafeln, kart., **DM 9,80**/S 79.–

Mixgetränke
mit und ohne Alkohol (5017) Von C. Arius, 64 S., 35 Farbfotos, Pappband. **DM 14.80**/S 119.–

Cocktails und Mixereien
für häusliche Feste und Feiern. (0075) Von J. Walker, 96 S., 4 Farbtafeln, kart. **DM 6,80**/S 59.–

Die besten Punsche, Grogs und Bowlen
(0575) Von F. Dingden, 64 S., 2 Farbtafeln, kart. **DM 6,80**/S 59.–

Weine und Säfte, Liköre und Sekt
selbstgemacht. (0702) Von P. Arauner, 232 S., 76 Abb., kart. **DM 16,80**/S 139,–

Mitbringsel aus meiner Küche
selbst gemacht und liebevoll verpackt. (0668) Von C. Schönherr, 32 S., 30 Farbfotos, Pappband **DM 7,80**/S 69,–

Weinlexikon
Wissenswertes über die Weine der Welt. (4149) Von U. Keller, 228 S., 6 Farbtafeln, 395 s/w-Fotos, Pappband. **DM 29,80**/S 239.–

Heißgeliebter Tee
Sorten, Rezepte und Geschichten. (4114) Von C. Maronde, 153 S., 16 Farbtafeln, 93 Zeichnungen, Pappband. **DM 26,80**/S 218.–

Tee für Genießer.
Sorten · Riten · Rezepte. (0356) Von M. Nicolin, 64 S., 4 Farbtafeln, kart. **DM 5,80**/S 49.–

Tee
Herkunft · Mischungen · Rezepte. (0515) Von S. Ruske, 96 S., 4 Farbtafeln, 16 s/w Abbildungen, Pappband. **DM 9,80**/S 79.–

Kinder lernen spielend backen
(5110) Von M. Gutta, 64 S., 45 Farbfotos, Pappband. **DM 14,80**/S 119,–

Kinder lernen spielend kochen
Lieblingsgerichte mit viel Spaß selbst zubereitet. (5096) Von M. Gutta, 64 S., 45 Farbfotos, Pappband, **DM 14,80**/S 119,–

Hobby

Aquarellmalerei
als Kunst und Hobby. (4147) Von H. Haack und B. Wersche, 136 S., 62 Farbfotos, 119 Zeichnungen, gebunden **DM 39,–**/S 319,–

Aquarellmalerei
Materialien · Techniken · Motive. (5099) Von T. Hinz, 64 S., 79 Farbfotos, Pappband. **DM 14,80**/S 119,–

Aquarellmalerei leicht gelernt
Materialien · Techniken · Motive. (0787) Von T. Hinz, R. Braun, B. Zeidler, 32 S., 38 Farbfotos, 1 Zeichnung, **DM 7,80**/S 69.–

Origami –
Die Kunst des Papierfaltens. (0280) Von R. Harbin, 160 S., 633 Zeichnungen, kart. **DM 9,80**/S 79,–

Hobby Origami
Papierfalten für groß und klein. (0756) Von Z. Aytüre-Scheele, 88 S., über 800 Farbfotos, kart. **DM 19,80**/S 159,–

Neue zauberhafte Origami-Ideen
Papierfalten für groß und klein. (0805) Von Z. Aytüre-Scheele, 80 S., 720 Farbfotos, kart. **DM 19,80**/S 159.–

Weihnachtsbasteleien
(0667) Von M. Kühnle und S. Beck, 32 S., 56 Farbfotos, 6 Zeichnungen, Pappband. **DM 7,80**/S 69,–

Falken-Handbuch
Zeichnen und Malen
(4167) Von B. Bagnall, 336 S., 1154 Farbabb., Pappband. **DM 68,–**/S 549,–

Naive Malerei
Materialien · Motive · Techniken (5083) Von F. Krettek, 64 S., 76 Farbfotos, Pappband. **DM 14,80**/S 119,–

Bauernmalerei
als Kunst und Hobby. (4057) Von A. Gast und H. Stegmüller, 128 S., 239 Farbfotos, 26 Riß-Zeichnungen, Pappband. **DM 39,–**/S 319,–

Hobby Bauernmalerei
(0436) Von S. Ramos und J. Roszak, 80 S., 116 Farbfotos und 28 Motivvorlagen, kart. **DM 19,80**/S 159,–

Bauernmalerei
Kreatives Hobby nach alter Volkskunst (5039) Von S. Ramos, 64 S., 85 Farbfotos, Pappband. **DM 14,80**/S 119,–

Glasmalerei
als Kunst und Hobby. (4088) Von F. Krettek und S. Beeh-Lustenberger, 132 S., 182 Farbfotos, 38 Motivvorlagen, Pappband. **DM 39,–**/S 319,–

Naive Hinterglasmalerei
Materialien · Techniken · Bildvorlagen (5145) Von F. Krettek, 64 S., 87 Farbfotos, 6 Zeichnungen, Pappband. **DM 16,80**/S 139,–

Glasritzen
Materialien · Formen · Motive. (5109) Von G. Mégroz, 64 S., 110 Farbfotos, 15 Zeichnungen, Pappband. **DM 14,80**/S 119,–

Kalligraphie
Die Kunst des schönen Schreibens (4263) Von C. Hartmann, 120 S., 44 Farbvorlagen, 29 s/w-Vorlagen, 2 s/w-Zeichnungen, 38 Farbfotos, Pappband. **DM 49,–**/S 398.–

Seidenmalerei als Kunst und Hobby
(4264) Von S. Hahn, 136 S., 256 Farbfotos, 1 s/w-Foto, 34 Farbzeichnungen, Pappband. **DM 39,–**/S 319,–

Kunstvolle Seidenmalerei
Mit zauberhaften Ideen zum Nachgestalten. (0783) Von I. Demharter, 32 S., 56 Farbfotos, Pappband. **DM 7,80**/S 74,–

Zauberhafte Seidenmalerei
Materialien · Techniken · Gestaltungsvorschläge. (0664) Von E. Dorn, 32 S., 62 Farbfotos, Pappband. **DM 7,80**/S 69,–

Hobby Seidenmalerei
(0611) Von R. Henge, 88 S., 106 Farbfotos, 28 Zeichnungen, kart. **DM 19,80**/S 159,–

Hobby Stoffdruck und Stoffmalerei
(0555) Von A. Ursin, 80 S., 68 Farbfotos, 68 Zeichnungen, kart. **DM 19,80**/S 159,–

Stoffmalerei und Stoffdruck
Materialien · Techniken · Ideen · Modelle (5074) Von H. Gehring, 64 S., 110 Farbfotos, Pappband. **DM 14,80**/S 119,–

Batik
leicht gemacht. Materialien · Färbetechniken · Gestaltungsideen. (5112) Von A. Gast, 64 S., 105 Farbfotos, Pappband. **DM 14,80**/S 119,–

Textilfärben
Färben so einfach wie Waschen. (0693) Von W. Siegrist, P. Schärli, 32 S., 47 Farbfotos, 3 Zeichnungen, Spiralbindung. **DM 7,80**/S 69,–

Kreatives Bilderweben
Materialien – Vorlagen – Motive (0814) Von A. Schulte-Huxel, 32 S., 58 Farbfotos, 8 Zeichnungen, Pappband. **DM 9,80**/S 79,–

Flechten
mit Bast, Stroh und Peddigrohr. (5098) Von H. Hangleiter, 64 S., 47 Farbfotos, 76 Zeichnungen, Pappband. **DM 14,80**/S 119,–

Makramee
Knüpfarbeiten leicht gemacht. (5075) Von B. Pröttel, 64 S., 95 Farbfotos, Pappband. **DM 12,80**/S 99,–

Falken-Handbuch
Häkeln
ABC der Häkeltechniken und Häkelmuster in ausführlichen Schritt-für-Schritt-Bildfolgen. (4194) Von H. Fuchs, M. Natter, 288 S., 597 Farbfotos, 476 farbige Zeichnungen, Pappband. **DM 39,–**/S 319,–

Häkeln
Schritt für Schritt für Rechts- und Linkshänder. (5134) Von H. Klaus, 64 S., 120 Farbfotos, 144 Zeichnungen, Pappband. **DM 14,80**/S 119,–

Klöppeln
Schritt für Schritt leicht gelernt. (0788) Von U. Seiffer, 32 S., 42 Farb-, 1 s/w-Foto, 25 Zeichnungen, mit Klöppelbriefen, Pappband. **DM 9,80**/S 79,–

Sticken
Schritt für Schritt für Rechts- und Linkshänder. (5135) Von U. Werner, 64 S., 196 Farbfotos, 96 Zeichnungen, Pappband. **DM 14,80**/S 119,–

Monogrammstickerei
Mit Vorlagen für Initialen, Vignetten und Ornamente. (5148) Von H. Fuchs, 64 S., 50 Farbfotos, 50 Zeichnungen, Pappband. **DM 14,80**/S 119,–

FALKEN VERLAG

Falken-Handbuch
Stricken
ABC der Stricktechniken und Strickmuster in ausführlichen Schritt-für-Schritt-Bildfolgen. (4137) Von M. Natter, 312 S., 106 Farb- und 922 s/w-Fotos, 318 Zeichnungen, Pappband.
DM 36,–/S 298,–

Bestrickend schöne Ideen
Pullover, Westen, Ensembles, Jacken
(4178) Von R. Weber, 208 S., 220 Farbfotos, 358 Zeichnungen, Pappband.
DM 29,80/S 239,–

Chic in Strick
Neue Pullover
Westen · Jacken · Kleider · Ensembles. (4224) Hrsg. R. Weber, 192 S., 25 Farbabb., Pappband. **DM 29,80**/S 239,–

Das moderne Standardwerk von der Expertin
Perfekt Stricken
Mit Sonderteil Häkeln
(4250) Von H. Jaacks, 256 S., 703 Farbfotos, 169 Farb- und 121 s/w-Zeichnungen, Pappband.
DM 29,80/ S 239,–

Videokassette Stricken
(6007/VHS, 6008/Video 2000, 6009/Beta). Von P. Krolikowski-Habicht, H. Jaacks, 51 Min., in Farbe.
DM 49,80/S 448,–
(unverbindliche Preisempfehlung)

Stricken
Schritt für Schritt für Rechts- und Linkshänder. (5142) Von S. Oelwein-Schefczik, 64 S., 148 Farbfotos, 173 Zeichnungen, Pappband. **DM 14,80**/S 119,–

Die schönsten Handarbeiten zum Verschenken
(4225) Von B. Wenzelburger, 128 S., 156 Farbfotos, 70 2-farbige Zeichnungen, Pappband. **DM 39,–**/S 319,–

Kuscheltiere stricken und häkeln
Arbeitsanleitungen und Modelle. (0734) Von B. Wehrle, 32 S., 60 Farbfotos, 28 Zeichnungen, Spiralbindung.
DM 7,80/S 69,–

Hobby Patchwork und Quilten
(0768) Von B. Staub-Wachsmuth, 80 S., 108 Farbabb., 43 Zeichnungen, kart.
DM 19,80/S 159,–

Hobby Spitzencollagen
Bezaubernde Motive aus edlem Material. (0847) Von H. Westphal, 80 S., 186 Farbfotos, kart. **DM 19,80**/S 159,–

Textiles Gestalten
Weben, Knüpfen, Batiken, Sticken, Objekte und Strukturen. (5123) Von J. Fricke, 136 S., 67 Farb- und 189 s/w-Fotos, 15 Zeichnungen, kart.
DM 16,80/S 139,–

Gestalten mit Glasperlen
fädeln · sticken · weben (0640) Von A. Köhler, 32 S., 55 Farbfotos, Spiralbindung. **DM 6,80**/S 59,–

Schmuck, Accessoires und Dekoratives
aus Fimo modelliert
(0873) Von A. Aurich, 32 S., 54 Farbfotos, Pappband. **DM 9,80**/S 79,–

Neue zauberhafte Salzteig-Ideen
(0719) Von I. Kiskalt, 80 S., 320 Farbfotos, 12 Zeichnungen, kart.
DM 19,80/S 159,–

Hobby Salzteig
(0662) Von I. Kiskalt, 80 S., 150 Farbfotos, 5 Zeichnungen, Schablonen, kart.
DM 19,80/S 159,–

Gestalten mit Salzteig
formen · bemalen · lackieren. (0613) Von W.-U. Cropp, 32 S., 56 Farbfotos, 17 Zeichnungen, Pappband.
DM 7,80/S 69,–

Originell und dekorativ
Salzteig mit Naturmaterialien
(0833) Von A. und H. Wegener, 80 S., 166 Farbfotos, kart. **DM 19,80**/S 159,–

Buntbemalte Kunstwerke aus Salzteig
Figuren, Landschaften und Wandbilder. (5141) Von G. Belli, 64 S., 165 Farbfotos, 1 Zeichnung, Pappband.
DM 14,80/S 119,–

Kreatives Gestalten mit Salzteig
Originelle Motive für Fortgeschrittene. (0769) Hrsg. I. Kiskalt, 80 S., 168 Farbfotos, kart. **DM 19,80**/S 159,–

Videokassette Salzteig
(6010/VHS, 6011/Video 2000, (6012/Beta) Von I. Kiskalt, Dr. A. Teuchert, in Farbe, ca. 35 Min. **DM 69,–**/ S 619,–
(Unverbindliche Preisempfehlung)

Tiffany-Spiegel selbermachen
Materialien · Arbeitsanleitung · Vorlagen. (0761) Von R. Thomas, 32 S., 53 Farbfotos, Pappband. **DM 7,80**/S 69,–

Tiffany-Schmuck selbermachen
Materialien · Arbeitsanleitungen · Modelle (0871) Von B. Poludniak, H. W. Scheib, 32 S., 54 Farbfotos, 3 Zeichnungen, Pappband. **DM 9,80**/S 79,–

Tiffany-Lampen selbermachen
Arbeitsanleitung · Materialien · Modelle. (0684) Von I. Spliethoff, 32 S., 60 Farbfotos, Pappband. **DM 7,80**/S 69,–

Hobby Glaskunst in Tiffany-Technik
(0781) Von N. Köppel, 80 S., 194 Farbfotos, 6 s/w-Abb., kart.,
DM 19,80/S 159,–

Hobby Holzschnitzen
Von der Astholzfigur zur Vollplastik. (5101) Von H.-D. Wilden, 112 S., 16 Farbtafeln, 135 s/w-Fotos, kart.
DM 16,80/S 139,–

Bastelspaß mit der Laubsäge
Mit Schnittmusterbogen für viele Modelle in Originalgröße. (0741) Von L. Giesche, M. Bausch, 32 S., 61 Farbfotos, 7 Zeichnungen, Schnittmusterbogen, Pappband.
DM 9,80/S 79,–

Falken-Heimwerker-Praxis
Tapezieren
(0743) Von W. Nitschke, 112 S., 186 Farbfotos, 9 Zeichnungen, kart.
DM 19,80/S 159,–

Falken-Heimwerker-Praxis
Anstreichen und Lackieren
(0771) Von P. Müller, 120 S., 186 Farbfotos, 2 s/w Fotos, 3 Zeichnungen, kart.
DM 19,80/S 159,–

Falken-Heimwerker-Praxis
Fahrrad-Reparaturen
(0796) Von R. van der Plas, 112 S., 140 Farbfotos, 113 farbige Zeichnungen, kart. **DM 19,80**/S 159,–

Falken-Handbuch
Heimwerken
Reparieren und Selbermachen in Haus und Wohnung – über 1100 Farbfotos. Praktische Tips vom Profi: Selbermachen, Reparieren, Renovieren, Kostensparen. (4117) Von Th. Pochert, 440 S., 1103 Farbfotos, 100 ein- und zweifarbige Abb., Pappband. **DM 49,–**/S 398,–

Restaurieren von Möbeln
Stilkunde, Materialien, Techniken, Arbeitsanleitungen in Bildfolgen. (4120) Von E. Schnaus-Lorey, 152 S., 37 Farbfotos, 75 s/w Fotos, 352 Zeichnungen, Pappband. **DM 39,–**/ S 319,–

Möbel aufarbeiten, reparieren und pflegen
(0386) Von E. Schnaus-Lorey, 96 S., 28 Fotos, 101 Zeichnungen, kart.,
DM 9,80/S 79,–

Vogelhäuschen, Nistkästen, Vogeltränken mit Plänen und Anleitungen zum Selbstbau. (0695) Von J. Zech, 32 S., 42 Farbfotos, 5 Zeichnungen, Pappband. **DM 7,80**/S 69,–

Strohschmuck selbstgebastelt
Sterne, Figuren und andere Dekorationen (0740) Von E. Rombach, 32 S., 60 Farbfotos, 17 Zeichnungen, Pappband.
DM 7,80/S 69,–

Das Herbarium
Pflanzen sammeln, bestimmen und pressen. (5113) Von I. Gabriel, 96 S., 140 Farbfotos, Pappband.
DM 16,80/S 139,–

Gestalten mit Naturmaterialien
Zweige, Kerne, Federn, Muscheln und anderes. (5128) Von I. Krohn, 64 S., 101 Farbfotos, 11 farbige Zeichnungen, Pappband. **DM 14,80**/S 119,–

Blütenbilder aus Blumen und Blättern
Phantasievolle Naturcollagen. (0872) Von G. Schamp, 32 S., 57 Farbfotos, 1 Zeichnung, Pappband.
DM 9,80/S 79,–

Dauergestecke
mit Zweigen, Trocken- und Schnittblumen. (5121) Von G. Vocke, 64 S., 57 Farbfotos, Pappband. **DM 14,80**/S 119,–

Ikebana
Einführung in die japanische Kunst des Blumensteckens. (0548) Von G. Vocke, 152 S., 47 Farbfotos, kart.
DM 19,80/S 159,–

Blumengestecke im Ikebanastil
(5041) Von G. Vocke, 64 S., 37 Farbfotos, viele Zeichnungen, Pappband.
DM 14,80/S 119,–

Hobby Trockenblumen
Gewürzsträuße, Gestecke, Kränze, Buketts. (0643) Von R. Strobel-Schulze, 88 S., 170 Farbfotos, kart.
DM 19,80/S 159,–

Hobby Gewürzsträuße
und zauberhafte Gebinde nach Salzburger Art. (0726) Von A. Ott, 80 S., 101 Farbfotos, 51 farbige Zeichnungen, kart. **DM 19,80**/S 159,–

Trockenblumen und Gewürzsträuße
(5084) Von G. Vocke, 64 S., 63 Farbfotos, Pappband. **DM 12,80**/S 99,–

Arbeiten mit Ton
Töpfern mit und ohne Scheibe. (5048) Von J. Fricke, 128 S., 15 Farbtafeln, 166 s/w-Fotos, kart.
DM 14,80/S 119,–

Töpfern
als Kunst und Hobby. (4073) Von J. Fricke, 132 S., 37 Farbfotos, 222 s/w-Fotos, Pappband. **DM 39,–**/S 319,–

Schöne Sachen modellieren
Originelles aus Cernit – ideenreich gestaltet. (0762) Von G. Thelen, 32 S., 105 Farbfotos, Pappband.
DM 9,80/S 79,–

FALKEN VERLAG

Die Preise entsprechen dem Status beim Druck dieses

Modellieren
mit selbsthärtendem Material. (5085)
Von K. Reinhardt, 64 S., 93 Farbfotos,
Pappband. **DM 14,80**/S 119,–

Porzellanpuppen
Zauberhafte alte Puppen selbst nachbilden. (5138) Von C. A. und D. Stanton, 64 S., 58 Farbfotos, 22 Zeichnungen, Pappband. **DM 16,80**/S 139,–

Marionetten
entwerfen · gestalten · führen (5118) Von A. Krause und A. Bayer, 64 S., 83 Farbfotos, 2 s/w-Fotos, 40 Zeichnungen, Pappband. **DM 14,80**/S 119,–

Stoffpuppen
Liebenswerte Modelle selbermachen. (5150) Von I. Wolff, 56 S., 115 Farbfotos, 15 Zeichnungen, mit Schnittmusterbogen, Pappband. **DM 16,80**/S 139,–

Hobby Puppen
Bezaubernde Modelle selbst gestalten. (0742) Von B. Wenzelburger, 88 S., 163 Farbfotos, 41 Zeichnungen, 11 Schnittmuster, kart.
DM 19,80/S 159,–

Puppen und Figuren aus Kunstporzellan
gießen, bemalen und gestalten. (0735) Von G. Baumgarten, 32 S., 86 Farbfotos, Pappband. **DM 9,80**/ S 79,–

Selbstgestrickte Puppen
Materialien und Arbeitsanleitungen. (0638) Von B. Wehrle, 32 S., 23 Farbfotos, 24 Zeichnungen, Pappband.
DM 9,80/S 79,–

Dekorative Rupfenpuppen
Arbeitsanleitungen und Gestaltungsvorschläge. (0733) Von B. Wenzelburger, 32 S., 57 Farbfotos, 14 Zeichnungen, Spiralbindung. **DM 7,80**/S 69,–

Phantasiepuppen stricken und häkeln
Märchenhafte Modelle mit Arbeitsanleitungen. (0813) Von B. Wehrle, 32 S., 26 Farbfotos, 30 einfarbige und 16 dreifarbige Zeichnungen, Pappband.
DM 9,80/ S 79,–

Schritt für Schritt zum Scherenschnitt
Materialien · Techniken · Gestaltungsvorschläge. (0732) Von H. Klingmüller, 32 S., 38 Farbfotos, 34 Vorlagen, Pappband. **DM 7,80**/S 69,–

Garagentore selbst bemalt
Techniken und Motive. (0786) Von H. u. Y. Nadolny, 32 S., 24 Farbfotos, 12 s/w-Zeichnungen, Pappband.
DM 9,80/S 79,–

Alle Jahre wieder…
Advent und Weihnachten
Basteln – Backen – Schmücken – Singen – Vorlesen – Feiern
(4260) Von H. und Y. Nadolny, 256 S., 105 Farbfotos, 130 Zeichnungen, Pappband. **DM 25,–**/S 200,–

Freizeit

Aktfotografie
Interpretationen zu einem unerschöpflichen Thema.
Gestaltung · Technik · Spezialeffekte. (0737) Von H. Wedewardt, 88 S., 144 Farb- und 6 s/w-Fotos, 6 Zeichnungen, kart. **DM 19,80**/S 159,–

Videokassette Aktfotografie
Laufzeit ca. 60 Min. In Farbe.
(6001/VHS, 6002/Video 2000, 6003/Beta) **DM 69,–**/S 619,–
(unverbindliche Preisempfehlung)

So macht man bessere Fotos
Das meistverkaufte Fotobuch der Welt. (0614) Von M. L. Taylor, 192 S., 457 Farbfotos, 15 Abb., kart. **DM 14,80**/S 119,–

Falken-Handbuch
Dunkelkammerpraxis
Laboreinrichtung · Arbeitsabläufe · Fehlerkatalog. (4140) Von E. Pauli, 200 S., 54 Farbfotos, 239 s/w-Fotos, 171 Zeichnungen, Pappband.
DM 39,–/S 319,–

Falken-Handbuch **Trickfilmen**
Flach-, Sach- und Zeichentrickfilme – von der Idee zur Ausführung. (4131) Von H.-D. Wilden, 144 S., über 430 überwiegend farbige Abb., Pappband.
DM 39,–/S 319,–

Moderne Schmalfilmpraxis
Ausrüstungen · Drehbuch · Aufnahme Schnitt · Vertonung. (4043) Von U. Ney, 328 S., 29 Farbfotos, 177 s/w-Fotos, 57 Zeichnungen, gebunden.
DM 29,80/S 239,–

Schmalfilmen
Ausrüstung · Aufnahmepraxis · Schnitt Ton. (0342) Von U. Ney, 108 S., 4 Farbtafeln, 25 s/w-Fotos, kart.
DM 9,80/S 79,–

Schmalfilme selbst vertonen
(0593) Von U. Ney, 96 S., 57 s/w-Fotos, 14 Zeichnungen, kart. **DM 9,80**/S 79,–

Fotografie – Das Schöne als Ziel
Zur Ästhetik und Psychologie der visuellen Wahrnehmung. (4122) Von E. Stark, 208 S., 252 Farbfotos, 63 Zeichnungen, Ganzleinen. **DM 78,–**/S 624,–

Videokassette
Videografieren
Filmen mit Video 8
Technik – Bildgestaltung – Schnitt – Vertonung
(6031) VHS, (6033) Beta, (6034) Sony 8 mm, von M. Wild, 60 Min., in Farbe.
DM 69,–/S 619,–
(unverbindliche Preisempfehlung)

Ferngelenkte Motorflugmodelle
bauen und fliegen. (0400) Von W. Thies, 184 S., mit Zeichnungen und Detailplänen, kart. **DM 16,80**/S 139,–

Modellflug-Lexikon
(0549) Von W. Thies, 280 S., 98 s/w-Fotos, 234 Zeichnungen, Pappband. **DM 36,–**/S 298,–

Flugmodelle
bauen und einfliegen. (0361) Von W. Thies und W. Rolf, 160 S., 63 Abb., 7 Faltpläne, kart. **DM 12,80**/S 99,–

Kleine Welt auf Rädern
Das faszinierende Spiel mit **Modelleisenbahnen** (4175) Von F. Eisen, 256 S., 72 Farb- und 180 s/w-Fotos, 25 Zeichnungen, Pappband. **DM 29,80**/S 239,–

Modelleisenbahnen im Freien
Mit Volldampf durch den Garten. (4245) Von F. Eisen, 96 S., 115 Farb-, 4 s/w-Fotos, 5 Zeichnungen, Pappband.
DM 29,80/S 239,–

Videokassette
Die Modelleisenbahn
Anlagenbau in Modultechnik.
Neue kreative Gestaltung.
Neue raffinierte Techniken.
(6028) VHS, (6029) Video 2000, (6030) Beta, von J. Grahn, 30 Min., in Farbe, **DM 49,80**/S 448,–
(unverbindliche Preisempfehlung)

Raketen auf Rädern
Autos und Motorräder an der Schallgrenze. (4220) Von H. G. Isenberg, 96 S., 112 Farbfotos, 21 s/w-Fotos, Pappband.
DM 24,80/S 198,–

Die rasantesten Rallyes der Welt
(4213) Von H. G. Isenberg und D. Maxeiner, 96 S., 116 Farbfotos, Pappband. **DM 24,80**/S 198,–

Trucks
Giganten der Landstraßen in aller Welt. (4222) Von H. G. Isenberg, 96 S., 131 Farbfotos, Pappband.
DM 24,80/S 198,–

Die Super-Trucks der Welt
(4257) Von H. G. Isenberg, 194 S., 205 Farbfotos, 87 s/w-Fotos, 7 Farbzeichnungen, 4 Ausklapptafeln, Pappband. **DM 39,–**/S 319,–

Ferngelenkte Elektromodelle
bauen und fliegen. (0700) Von W. Thies, 144 S., 52 s/w-Fotos, 50 Zeichnungen, kart. **DM 16,80**/139,–

Schiffsmodelle
selber bauen. (0500) Von D. und R. Lochner, 200 S., 93 Zeichnungen, 2 Faltpläne, kart. **DM 14,80**/S 119,–

Dampflokomotiven
(4204) Von W. Jopp, 96 S., 134 Farbfotos, Pappband. **DM 24,80**/S 198,–

Zivilflugzeuge
Vom Kleinflugzeug zum Überschall-Jet. (4218) Von R. J. Höhn und H. G. Isenberg, 96 S., 115 Farbfotos, Pappband. **DM 24,80**/S 198,–

Ferngelenkte Segelflugmodelle
bauen und fliegen. (0446) Von W. Thies, 176 S., 22 s/w-Fotos, 115 Zeichnungen, kart. **DM 14,80**/S 119,–

Die schnellsten Motorräder der Welt
(4206) Von H. G. Isenberg und D. Maxeiner, 96 S., 100 Farbfotos, Pappband. **DM 24,80**/S 198,–

Motorrad-Hits
Chopper, Tribikes, Heiße Öfen. (4221) Von H. G. Isenberg, 96 S., 119 Farbfotos, Pappband. **DM 24,80**/S 198,–

Die Super-Motorräder der Welt
(4193) Von H. G. Isenberg, 192 S., 170 Farb- und 100 s/w-Fotos, 8 Zeichnungen, Pappband. **DM 39,–**/S 319,–

Motorrad-Faszination
Heiße Öfen, von denen jeder träumt. (4223) Von H. G. Isenberg, 96 S., 103 Farb- und 20 s/w-Fotos, Pappband.
DM 24,80/S 198,–

Münzen
Ein Brevier für Sammler. (0353) Von E. Dehnke, 128 S., 4 Farbtafeln, 17 s/w-Abb., kart. **DM 12,80**/S 99,–

Astronomie als Hobby
Sternbilder und Planeten erkennen und benennen. (0572) Von D. Block, 176 S., 16 Farbtafeln, 49 s/w-Fotos, 93 Zeichnungen, kart. **DM 14.80**/S 119,–

Gitarre spielen
Ein Grundkurs für den Selbstunterricht. (0534) Von A. Roßmann, 96 S., 1 Schallfolie, 150 Zeichnungen, kart.
DM 24,80/S 198,–

Falken-Handbuch **Zaubern**
Über 400 verblüffende Tricks. (4063)
Von F. Stutz, 368 S., 1200 Zeichnungen, Pappband. **DM 36,–**/S 298.–

Zaubern
einfach – aber verblüffend. (2018) Von D. Buoch, 84 S., 41 Zeichnungen, kart. **DM 6,80**/S 59.–

Magische Zaubereien
(0672) Von W. Widenmann, 64 S., 31 Zeichnungen, kart. **DM 7,80**/S 69.–

Mit vollem Genuß
Pfeife rauchen
Alles über Tabaksorten, Pfeifen und Zubehör. (4227) Von H. Behrens, H. Frickert, 168 S., 127 Farbfotos, 18 Zeichnungen, Pappband.
DM 39,–/S 319,–

Mineralien, Steine und Fossilien
Grundkenntnisse für Hobby-Sammler. (0437) Von D. Stobbe, 96 S., 16 Farbtafeln, 14 s/w-Fotos, 10 Zeichnungen, kart. **DM 9,80**/S 79.–

Freizeit mit dem Mikroskop
(0291) Von M. Deckart, 132 S., 8 Farbtafeln, 64 s/w Abb., 2 Zeichnungen, kart. **DM 9,80**/S 79.–

Briefmarken
sammeln für Anfänger. (0481) Von D. Stein, 120 S., 4 Farbtafeln, 98 s/w-Abb., kart. **DM 9,80**/S 79.–

Wir lernen tanzen
Standard- und lateinamerikanische Tänze. (0200) Von E. Fern, 168 S., 118 s/w-Fotos, 47 Zeichnungen, kart. **DM 9,80**/S 79,–

Tanzstunde
Das Welttanzprogramm · Party-Tanzstunde. (5018) Von G. Hädrich, 172 S., 443 s/w-Fotos, 140 Zeichnungen, Pappband. **DM 19.80**/S 159,–

So tanzt man Rock'n'Roll
Grundschritte · Figuren · Akrobatik. (0573) Von W. Steuer und G. Marz, 224 S., 303 Abb., kart.
DM 16,80/ S 139,–

Disco-Tänze
(0491) Von B. und F. Weber, 104 S., 104 Abb., kart. **DM 6,80**/S 59,–

Tanzen überall
Discofox, Rock'n'Roll, Blues, Langsamer Walzer, Cha-Cha-Cha zum Selberlernen. (0760) Von H. M. Pritzer, 112 S., 128 Farbfotos, kart. **DM 19,80**/S 159,–

Videokassette **Tanzen überall**
Discofox, Rock'n'Roll, Blues. (6004/VHS, 6005/Video 2000, 6006/Beta) Von H. M. Pritzer, G. Steinheimer, in Farbe, ca. 45 Min. **DM 69,–**/S 619,–
(unverbindliche Preisempfehlung)

Unser schönes Deutschland neu gesehen
(4199) Hrsg. U. Moll, 208 S., 800 Farbfotos, Pappband. **DM 29,80**/S 239,–

Schwarzwald-Romantik
Vom Zauber einer deutschen Landschaft. (4232) Hrsg. A. Rolf, 184 S., 273 Farbfotos, Pappband. **DM 29,80**/S 239,–

Sport

Judo
Grundlagen des Stand- und Bodenkampfes. (4013) Von W. Hofmann, 244 S., 589 Fotos, Pappband.
DM 29,80/S 239.–

Neue Lehrmethoden der Judo-Praxis
(0424) Von P. Herrmann, 223 S., 475 Abb., kart. **DM 16,80**/S 139.–

Judo
Grundlagen – Methodik. (0305) Von M. Ohgo, 208 S., 1025 Fotos, kart.
DM 14,80/S 119.–

Fußwürfe
für Judo, Karate und Selbstverteidigung. (0439) Von H. Nishioka, 96 S., 260 Abb., kart. **DM 9,80**/S 79.–

Karate für alle
Karate-Selbstverteidigung in Bildern. (0314) Von A. Pflüger, 112 S., 356 s/w-Fotos, kart. **DM 9,80**/S 79.–

Karate für Frauen und Mädchen
Sport und Selbstverteidigung. (0425) Von A. Pflüger, 168 S., 259 s/w-Fotos, kart. **DM 12,80**/S 99.–

Nakayamas Karate perfekt 1
Einführung. (0487) Von M. Nakayama, 136 S., 605 s/w-Fotos, kart.
DM 19,80/S 159.–

Nakayamas Karate perfekt 2
Grundtechniken. (0512) Von M. Nakayama, 136 S., 354 s/w-Fotos, 53 Zeichnungen, kart.
DM 19,80/S 159.–

Nakayamas Karate perfekt 3
Kumite 1: Kampfübungen. (0538) Von M. Nakayama, 128 S., 424 s/w-Fotos, kart. **DM 19,80**/S 159.–

Nakayamas Karate perfekt 4
Kumite 2: Kampfübungen. (0547) Von M. Nakayama, 128 S., 394 s/w-Fotos, kart. **DM 19,80**/S 159.–

Nakayamas Karate perfekt 5
Kata 1: Heian, Tekki. (0571) Von M. Nakayama, 144 S., 1229 s/w-Fotos, kart. **DM 19,80**/S 159.–

Nakayamas Karate perfekt 6
Kata 2: Bassai-Dai, Kanku-Dai, (0600) Von M. Nakayama, 144 S., 1300 s/w-Fotos, 107 Zeichnungen, kart. **DM 19,80**/S 159.–

Nakayamas Karate perfekt 7
Kata 3: Jitte, Hangetsu, Empi. (0618) Von M. Nakayama, 144 S., 1988 s/w-Fotos, 105 Zeichnungen, kart.
DM 19,80/S 159.–

Nakayamas Karate perfekt 8
Gankaku, Jion. (0650) Von M. Nakayama, 144 S., 1174 s/w-Fotos, 99 Zeichungen, kart. **DM 19,80**/S 159.–

Kontakt-Karate
Ausrüstung · Technik · Training. (0396) Von A. Pflüger, 112 S., 238 s/w-Fotos, kart. **DM 14,80**/S 119.–

Karate-Do
Das Handbuch des modernen Karate. (4028) Von A. Pflüger, 360 S., 1159 Abb., Pappband. **DM 39,–**/S 319.–

Bo-Karate
Kukishin-Ryu – die Techniken des Stockkampfes. ((0447) Von G. Stiebler, 176 S., 424 s/w-Fotos, 38 Zeichnungen, kart.
DM 16,80/S 139.–

Karate I
Einführung · Grundtechniken. (0227) Von A. Pflüger, 148 S., 195 s/w-Fotos, 120 Zeichnungen, kart.
DM 9,80/S 79.–

Karate II
Kombinationstechniken · Katas. (0239) Von A. Pflüger, 176 S., 452 s/w-Fotos und Zeichnungen, kart.
DM 9,80/S 79.–

Karate Kata 1
Heian 1-5, Tekki 1, Bassai Dai. (0683) Von W.-D. Wichmann, 164 S., 703 s/w-Fotos, kart. **DM 19,80**/S 159,–

Karate Kata 2
Jion, Empi, Kanku-Dai, Hangetsu. (0723) Von W.-D. Wichmann, 140 S., 661 s/w Fotos, 4 Zeichnungen, kart.
DM 19,80/S 159,–

Ninja 1
Die Lehre der Schattenkämpfer. (0758) Von S. K. Hayes, 144 S., 137 s/w-Fotos, kart. **DM 16,80**/S 139,–

Ninja 2
Die Wege zum Shoshin (0763) Von S. K. Hayes, 160 S., 309 s/w-Fotos, kart. **DM 16,80**/S 139,–

Ninja 3
Der Pfad des Togakure-Kämpfers. (0764) Von S. K. Hayes, 144 S., 197 s/w-Fotos, 2 Zeichnungen, kart.
DM 16,80/S 139,–

Ninja 4
Das Vermächtnis der Schattenkämpfer. (0807) Von S. K. Hayes, 196 S., 466 s/w-Fotos, kart. **DM 16,80**/S 139,–

Der König des Kung-Fu
Bruce Lee
Sein Leben und Kampf. (0392) Von seiner Frau Linda. 136 S., 104 s/w-Fotos, kart. **DM 19,80**/S 159.–

Bruce Lees Kampfstil 1
Grundtechniken. (0473) Von B. Lee und M. Uyehara, 109 S., 220 Abb., kart.
DM 9,80/S 79.–

Bruce Lees Kampfstil 2
Selbstverteidigungs-Techniken. (0486) Von B. Lee und M. Uyehara, 128 S., 310 Abb., kart. **DM 9,80**/S 79.–

Bruce Lees Kampfstil 3
Trainingslehre. (0503) Von B. Lee und M. Uyehara, 112 S., 246 Abb., kart.
DM 9,80/S 79.–

Bruce Lees Kampfstil 4
Kampftechniken. (0523) Von B. Lee und M. Uyehara, 104 S., 211 Abb., kart.
DM 9,80/S 79.–

Bruce Lees Jeet Kune Do
(0440) Von B. Lee, 192 S., mit 105 eigenhändigen Zeichnungen von B. Lee, kart.
DM 19,80/S 159.–

Ju-Jutsu 1
Grundtechniken – Moderne Selbstverteidigung. (0276) Von W. Heim und F. J. Gresch, 160 S., 460 s/w-Fotos, 8 Zeichnungen, kart. **DM 9,80**/S 79.–

Ju-Jutsu 2
für Fortgeschrittene und Meister. (0378) Von W. Heim und F. J. Gresch, 164 S., 798 s/w-Fotos, kart. **DM 19,80**/S 159.–

Ju-Jutsu 3
Spezial-, Gegen- und Weiterführungs-Techniken. (0485) Von W. Heim und F. J. Gresch, 214 S., über 600 s/w-Fotos, kart. **DM 19,80**/S 159.–

Ju-Jutsu als Wettkampf
(0826) Von G. Kulot, 168 S., 418 s/w-Fotos, 2 Zeichnungen, kart.
DM 19,80/S 159.–

Nunchaku
Waffe · Sport · Selbstverteidigung. (0373) Von A. Pflüger, 144 S., 247 Abb., kart. **DM 16,80**/S 139.–

Shuriken · Tonfa · Sai
Stockfechten und andere bewaffnete Kampfsportarten aus Fernost. (0397) Von A. Schulz, 96 S., 253 s/w-Fotos, kart. **DM 12,80**/S 99.–

FALKEN VERLAG

Die Preise entsprechen dem Status beim Druck dieses

Illustriertes Handbuch des Taekwondo
Koreanische Kampfkunst und Selbstverteidigung. (4053) Von K. Gil, 248 S., 1026 Abb., Pappband. **DM 29,80**/S 239.–

Taekwon-Do
Koreanischer Kampfsport. (0347) Von K. Gil, 152 S., 408 Abb., kart. **DM 12,80**/S 99.–

Aikido
Lehren und Techniken des harmonischen Weges. (0537) Von R. Brand, 280 S., 697 Abb., kart. **DM 19,80**/S 159.–

Kung-Fu und Tai-Chi
Grundlagen und Bewegungsabläufe. (0367) Von B. Tegner, 182 S., 370 s/w-Fotos, kart. **DM 14,80**/S 119.–

Kung-Fu
Theorie und Praxis klassischer und moderner Stile. (0376) Von M. Pabst, 160 S., 330 Abb., kart. **DM 12,80**/S 99.–

Shaolin-Kempo – Kung-Fu
Chinesisches Karate im Drachenstil. (0395) Von R. Czerni und K. Konrad. 246 S., 723 Abb., kart. **DM 19,80**/S 159.–

Hap Ki Do
Grundlagen und Techniken koreanischer Selbstverteidigung. (0379) Von Kim Sou Bong, 112 S., 153 Abb., kart. **DM 14,80**/S 119.–

Dynamische Tritte
Grundlagen für den Zweikampf. (0438) Von C. Lee, 96 S., 398 s/w-Fotos, 10 Zeichnungen, kart. **DM 9,80**/S 79.–

Kickboxen
Fitneßtraining und Wettkampfsport. (0795) Von G. Lemmens, 96 S., 208 s/w-Fotos, 23 Zeichnungen, kart. **DM 16,80**/S 139.–

Muskeltraining mit Hanteln
Leistungssteigerung für Sport und Fitness. (0676) Von H. Schulz, 108 S., 92 s/w-Fotos, 2 Zeichnungen, kart. **DM 9,80**/ S 79.–

Leistungsfähiger durch Krafttraining
Eine Anleitung für Fitness-Sportler, Trainer und Athleten (0617) Von W. Kieser, 100 S., 20 s/w-Fotos, 62 Zeichnungen, kart. **DM 9,80**/S 79.–

Bodybuilding
Anleitung zum Muskel- und Konditionstraining für sie und ihn. (0604) Von R. Smolana. 160 S., 171 s/w-Fotos, kart. **DM 9,80**/S 79.–

Hanteltraining zu Hause
(0800) Von W. Kieser, 80 S., 71 s/w-Fotos, 4 Zeichnungen, kart. **DM 9,80**/S 79,–

Fit und gesund
Körpertraining und Bodybuilding zu Hause. (0782) Von H. Schulz, 80 S., 100 Farbfotos, 3 Zeichnungen, kart. **DM 14,80**/S 119,–

Video-Kassette:
Fit und gesund
VHS (6013), Video 2000 (6014), Beta (6015), Laufzeit 30 Minuten, in Farbe. **DM 49,80**/ S 448,–
(unverbindliche Preisempfehlung)

Bodybuilding für Frauen
Wege zu Ihrer Idealfigur (0661) Von H. Schulz, 108 S., 84 s/w-Fotos, 4 Zeichnungen, kart. **DM 14,80**/S 119.–

Isometrisches Training
Übungen für Muskelkraft und Entspannung. (0529) Von L. M. Kirsch, 140 S., 162 s/w-Fotos, kart. **DM 9,80**/S 79.–

Spaß am Laufen
Jogging für die Gesundheit. (0470) Von W. Sonntag, 140 S., 41 s/w-Fotos, 1 Zeichnung, kart. **DM 9,80**/S 79.–

Mein bester Freund, der Fußball
(5107) Von D. Brüggemann und D. Albrecht, 144 S., 171 Abb., kart. **DM 16,80**/S 139.–

Fußball
Training und Wettkampf. (0448) Von H. Obermann und P. Walz, 166 S., 92 s/w-Fotos, 15 Zeichnungen, 29 Diagramme, kart. **DM 12,80**/S 99.–

Handball
Technik · Taktik · Regeln. (0426) Von F. und P. Hattig, 128 S., 91 s/w-Fotos, 121 Zeichnungen, kart. **DM 14,80**/S 119.–

Volleyball
Technik · Taktik · Regeln. (0351) Von H. Huhle, 104 S., 330 Abb., kart. **DM 9,80**/S 79.–

Basketball
Technik und Übungen für Schule und Verein. (0279) Von C. Kyriasoglou, 116 S., mit 252 Übungen zur Basketballtechnik, 186 s/w-Fotos und 164 Zeichnungen, kart. **DM 12,80**/S 99.–

Hockey
Technische und taktische Grundlagen. (0398) Von H. Wein, 152 S., 60 s/w-Fotos, 30 Zeichnungen, kart. **DM 16,80**/S 139.–

Eishockey
Lauf- und Stocktechnik, Körperspiel, Taktik, Ausrüstung und Regeln, (0414) Von J. Čapla, 264 S., 548 s/w-Fotos, 163 Zeichnungen, kart. **DM 19,80**/S 159.–

Badminton
Technik · Taktik · Training. (0699) Von K. Fuchs, L. Sologub, 168 S., 51 Abb., kart., **DM 16,80**/S 139.–

Golf
Ausrüstung · Technik · Regeln. (0343) Von J. C. Jessop, übersetzt von H. Biemer, mit einem Vorwort von H. Krings, Präsident des Deutschen Golf-Verbandes, 160 S., 65 Abb., Anhang Golfregeln des DGV, kart. **DM 16,80**/S 139.–

Pool-Billard
(0484) Herausgegeben vom Deutschen Pool-Billard-Bund, von M. Bach und K.-W. Kühn, 88 S., mit über 80 Abb., kart. **DM 7,80**/S 69.–

Sportschießen
für jedermann. (0502) Von A. Kovacic, 124 S., 116 s/w-Fotos, kart. **DM 14,80**/S 119.–

Fechten
Florett · Degen · Säbel. (0449) Von E. Beck, 88 S., 219 Fotos und Zeichnungen, kart. **DM 11,80**/S 94.–

Reiten
Dressur · Springen · Gelände. (0415) Von U. Richter, 168 S., 235 Abb., kart. **DM 12,80**/S 99.–

Fibel für Kegelfreunde
Sport- und Freizeitkegeln · Bowling. (0191) Von G. Bocsai, 72 S., 62 Abb., kart. **DM 5,80**/S 49.–

Beliebte und neue Kegelspiele
(0271) Von G. Bocsai, 92 S., 62 Abb., kart. **DM 5,80**/S 49.–

111 spannende Kegelspiele
(2031) Von H. Regulski, 88 S., 53 Zeichnungen, kart., **DM 7,80**/S 69.–

Ski-Gymnastik
Fit für Piste und Loipe. (0450) Von H. Pilss-Samek, 104 S., 67 s/w-Fotos, 20 Zeichnungen, kart. **DM 6,80**/S 59.–

Die neue Skischule
Ausrüstung · Technik · Trickskilauf · Gymnastik. (0369) Von C. und R. Kerler, 128 S., 100 Abb., kart. **DM 9,80**/S 79.–

Skilanglauf, Skiwandern
Ausrüstung · Techniken · Skigymnastik. (5129) Von T. Reiter und R. Kerler, 80 S., 8 Farbtafeln, 85 Zeichnungen und s/w-Fotos, kart. **DM 14,80**/S 119,–

Alpiner Skisport
Ausrüstung · Techniken · Skigymnastik (5130) Von K. Meßmann, 128 S., 8 Farbtafeln, 93 s/w-Fotos, 45 Zeichnungen, kart. **DM 14,80**/S 119.–

Die neue Tennis-Praxis
Der individuelle Weg zu erfolgreichem Spiel. (4097) Von R. Schönborn, 240 S., 202 Farbzeichnungen, 31 s/w-Abb., Pappband. **DM 39,–**/S 319.–

Erfolgreiche Tennis-Taktik
(4086) Von R. Ford Greene, übersetzt von M. R. Fischer, 182 S., 87 Abb., kart. **DM 19,80**/S 159.–

Moderne Tennistechnik
(4187) Von G. Lam, 192 S., 339 s/w-Fotos, 91 Zeichnungen, kart. **DM 24,80**/S 198,–

Tennis kompakt
Der erfolgreiche Weg zu Spiel, Satz und Sieg. (5116) Von W. Taferner, 128 S., 82 s/w-Fotos, 67 Zeichnungen, kart. **DM 14,80**/S 119.–

Tennis
Technik · Taktik · Regeln. (0375) Von H. Elschenbroich, 112 S., 81 Abb., kart. **DM 6,80**/S 59.–

Tischtennis-Technik
Der individuelle Weg zu erfolgreichem Spiel. (0775) Von M. Perger, 144 S., 296 Abb. kart. **DM 16,80**/S 139,–

Squash
Ausrüstung · Technik · Regeln. (0539) Von D. von Horn und H.-D. Stünitz, 96 S., 55 s/w-Fotos, 25 Zeichnungen, kart. **DM 8,80**/S 74.–

Sporttauchen
Theorie und Praxis des Gerätetauchens. (0647) Von S. Müßig, 144 S., 8 Farbtafeln, 35 s/w-Fotos, 89 Zeichnungen, kart., **DM 14,80**/S 119.–

Windsurfing
Lehrbuch für Grundschein und Praxis. (5028) Von C. Schmidt, 64 S., 60 Farbfotos, Pappband. **DM 12,80**/S 99.–

Segeln
Der neue Grundschein – Vorstufe zum A-Schein – Mit Prüfungsfragen. (5147) Von C. Schmidt, 80 S., 8 Farbtafeln, 18 Farbfotos, 82 Zeichnungen, kart., **DM 14,80**/S 119,–

Sportfischen
Fische – Geräte – Technik. (0324) Von H. Oppel, 144 S., 49 s/w-Fotos, 8 Farbtafeln, kart. **DM 9,80**/S 79.–

Falken-Handbuch
Angeln
in Binnengewässern und im Meer. (4090) Von H. Oppel, 344 S., 24 Farbtafeln, 66 s/w-Fotos, 151 Zeichnungen, gebunden. **DM 39,–**/S 319.–

Angeln
Kleine Fibel für den Sportfischer. (0198) Von E. Bondick, 96 S., 116 Abb., kart. **DM 8,80**/S 74.–

Die Erben Lilienthals
Sportfliegen heute
(4054) Von G. Brinkmann, 240 S., 32 Farbtafeln, 176 s/w-Fotos, 33 Zeichnungen, gebunden. **DM 39,–**/S 319.–

Einführung in das Schachspiel
(0104) Von W. Wollenschläger und K. Colditz, 92 S., 116 Diagramme, kart. **DM 6,80**/S 59.–

Schach mit dem Computer
(0747) Von D. Frickenschmidt, 140 S., 112 Diagramme, 29 s/w-Fotos, 5 Zeichnungen, kart. **DM 16,80**/S 139,–

Spielend Schach lernen
(2002) Von T. Schuster, 128 S., kart. **DM 6,80**/S 59.–

Kinder- und Jugendschach
Offizielles Lehrbuch des Deutschen Schachbundes zur Erringung der Bauern-, Turm- und Königsdiplome. (0561) Von B. J. Withuis und H. Pfleger, 144 S., 220 Zeichnungen u. Diagramme, kart. **DM 12,80**/S 99.–

Neue Schacheröffnungen
(0478) Von T. Schuster, 108 S., 100 Diagramme, kart. **DM 8,80**/S 74.–

Schach für Fortgeschrittene
Taktik und Probleme des Schachspiels. (0219) Von R. Teschner, 96 S., 85 Diagramme, kart. **DM 5,80**/S 49.–

Taktische Schachendspiele
(0752) Von J. Nunn, 200 S., 151 Diagramme, kart. **DM 16,80**/S 139,–

Schach-WM '85 Karpow – Kasparow.
Mit ausführlichen Kommentaren zu allen Partien. (0785) Von H. Pfleger, O. Borik, M. Kipp-Thomas, 128 S., zahlreiche Abb. und Diagramme, kart. **DM 14,80**/S 119,–

Schachstrategie
Ein Intensivkurs mit Übungen und ausführlichen Lösungen. (0584) Von A. Koblenz, dt. Bearb. von K. Colditz, 212 S., 240 Diagramme, kart. **DM 16,80**/S 139.–

Falken-Handbuch **Schach**
(4051) Von T. Schuster, 360 S., über 340 Diagramme, gebunden. **DM 36,–**/S 298.–

Die besten Partien deutscher Schachgroßmeister
(4121) Von H. Pfleger, 192 S., 29 s/w-Fotos, 89 Diagramme, Pappband. **DM 29,80**/S 239.–

Turnier der Schachgroßmeister '83
Karpow · Hort · Browne · Miles Chandler · Garcia · Rogers · Kindermann. (0718) Von H. Pfleger, E. Kurz, 176 S., 29 s/w-Fotos, 71 Diagramme, kart. **DM 16,80**/S 139.–

Lehr-, Übungs- und Testbuch der Schachkombinationen
(0649) Von K. Colditz, 184 S., 227 Diagramme, kart. **DM 14,80**/S 119.–

Zug um Zug
Schach für jedermann 1
Offizielles Lehrbuch des Deutschen Schachbundes zur Erringung des Bauerndiploms. (0648) Von H. Pfleger und E. Kurz, 80 S., 24 s/w-Fotos, 8 Zeichnungen, 60 Diagramme, kart. **DM 6,80**/ S 59.–

Zug um Zug
Schach für jedermann 2
Offizielles Lehrbuch des Deutschen Schachbundes zur Erringung des Turmdiploms. (0659) Von H. Pfleger und E. Kurz, 132 S., 8 s/w-Fotos, 14 Zeichnungen, 78 Diagramme, kart. **DM 9,80**/S 79.–

Zug um Zug
Schach für jedermann 3
Offizielles Lehrbuch des Deutschen Schachbundes zur Erringung des Königdiploms. (0728) Von H. Pfleger, G. Treppner, 128 S., 4 s/w-Fotos, 84 Diagramme, 10 Zeichnungen, kart. **DM 9,80**/S 79.–

Schachtraining mit den Großmeistern
(0670) Von H. Bouwmeester, 128 S., 90 Diagramme, kart. **DM 14,80**/ S 119.–

Schach als Kampf
Meine Spiele und mein Weg. (0729) Von G. Kasparow, 144 S., 95 Diagramme, 9 s/w-Fotos, kart. **DM 14,80**/S 119,–

Spiele, Denksport, Unterhaltung

Kartenspiele
(2001) Von C. D. Grupp, 144 S., kart. **DM 9,80**/S 79.–

Neues Buch der siebzehn und vier Kartenspiele
(0095) Von K. Lichtwitz, 96 S., kart. **DM 6,80**/S 59.–

Alles über Pokern
Regeln und Tricks. (2024) Von C. D. Grupp, 120 S., 29 Kartenbilder, kart. **DM 8,80**/S 74.–

Rommé und Canasta
in allen Variationen. (2025) Von C. D. Grupp, 124 S., 24 Zeichnungen, kart., **DM 9,80**/S 79.–

Schafkopf, Doppelkopf, Binokel, Cego, Gaigel, Jaß, Tarock und andere „Lokalspiele".
(2015) Von C. D. Grupp, 152 S., kart. **DM 12,80**/S 99.–

Spielend Skat lernen
unter freundlicher Mitarbeit des deutschen Skatverbandes. (2005) Von Th. Krüger, 156 S., 181 s/w-Fotos, 22 Zeichnungen, kart. **DM 9,80**/S 79.–

Das Skatspiel
Eine Fibel für Anfänger. (0206) Von K. Lehnhoff, überarb. von P.A. Höfges, 96 S., kart. **DM 6,80**/S 59.–

Black Jack
Regeln und Strategien des Kasinospiels. (2032) Von K. Kelbratowski, 88 S., kart. **DM 9,80**/S 79,–

Falken-Handbuch **Patiencen**
Die 111 interessantesten Auslagen. (4151) Von U. v. Lyncker, 216 S., 108 Abbildungen, Pappband. **DM 29,80**/S 239.–

Patiencen
in Wort und Bild. (2003) Von I. Wolter, 136 S., kart. **DM 7,80**/S 69.–

Falken-Handbuch **Bridge**
Von den Grundregeln zum Turnierspiel. (4092) Von W. Voigt und K. Ritz, 276 S., 792 Zeichnungen, gebunden. **DM 39,-**/S 319.–

Spielend Bridge lernen
(2012) Von J. Weiss, 108 S., 58 Zeichnungen, kart. **DM 7,80**/S 69.–

Spieltechnik im Bridge
(2004) Von V. Mollo und N. Gardener, deutsche Adaption von D. Schröder, 216 S., kart. **DM 16,80**/S 139.–

Besser Bridge spielen
Reiztechnik, Spielverlauf und Gegenspiel. (2026) Von J. Weiss, 144 S., 60 Diagramme, kart. **DM 14,80**/S 119.–

Herausforderung im Bridge
200 Aufgaben mit Lösungen. (2033) Von V. Mollo, 152 S., kart. **DM 19,80**/S 159,–

Kartentricks
(2010) Von T. A. Rosee, 80 S., 13 Zeichnungen, kart. **DM 6,80**/S 59.–

Mah-Jongg
Das chinesische Glücks-, Kombinations- und Gesellschaftsspiel. (2030) Von U. Eschenbach, 80 S., 30 s/w-Fotos, 5 Zeichnungen, kart. **DM 9,80**/S 79.–

Neue Kartentricks
(2027) Von K. Pankow, 104 S., 20 Abb., kart. **DM 7,80**/S 69.–

Backgammon
für Anfänger und Könner. (2008) Von G. W. Fink und G. Fuchs, 116 S., 41 Abb., kart. **DM 9,80**/S 79.–

Würfelspiele
für jung und alt. (2007) Von F. Pruss, 112 S., 21 s/w-Zeichnungen, kart. **DM 7,80**/S 69.–

Gesellschaftsspiele
für drinnen und draußen. (2006) Von H. Görz, 128 S., kart. **DM 6,80**/S 59.–

Spiele für Party und Familie
(2014) Von Rudi Carrell, 160 S., 50 Abb., kart. **DM 9,80**/S 79.–

Dame
Das Brettspiel in allen Variationen. (2028) Von C. D. Grupp, 104 S., 122 Diagramme, kart. **DM 9,80**/S 79.–

Das japanische Brettspiel Go
(2020) Von W. Dörholt, 104 S., 182 Diagramme, kart. **DM 9,80**/S 79.–

Roulette richtig gespielt
Systemspiele, die Vermögen brachten. (0121) Von M. Jung, 96 S., zahlreiche Tabellen, kart. **DM 7,80**/S 69.–

Spielend Roulette lernen
(2034) Von E. P. Caspar, 152 S., 1 s/w-Foto, 45 Zeichnungen, kart. **DM 14,80**/S 119,–

Denksport und Schnickschnack
für Tüftler und fixe Köpfe. (0362) Von J. Barto, 100 S., 45 Abb., kart. **DM 6,80**/S 59.–

Rätselspiele, Quiz- und Scherzfragen
für gesellige Stunden. (0577) Von K.-H. Schneider, 168 S., über 100 Zeichnungen, Pappband. **DM 16,80**/S 139.–

Knobeleien und Denksport
(2019) Von K. Rechberger, 142 S., 105 Zeichnungen, kart. **DM 7,80**/S 69.–

Rubik's Magische Ringe
Die 5-Sekunden-Lösung. Das Geheimnis des Systems. Die schönsten Figuren. (0878 Von Dr. Ch. Bandelow, 96 S., 198 Zeichnungen, 8 Cartoons, kart. **DM 6,80**/S 59,–

Quiz
Mehr als 1500 ernste und heitere Fragen aus allen Gebieten. (0129) Von R. Sautter und W. Pröve, 92 S., 9 Zeichnungen, kart. **DM 7,80**/S 69,–

500 Rätsel selberraten
(0681) Von E. Krüger, 272 S., kart. **DM 9,95**/S 79.–

Das Super-Kreuzwort-Rätsel-Lexikon
Über 150.000 Begriffe. (4126) Von H. Schiefelbein, 684 S., Pappband. **DM 19,80**/S 159.–

365 Schwedenrätsel
(4173) Von Günther Borutta, 336 S.,kart. **DM 16,80**/S 139,–

501 Rätsel selberraten
(0711) Von E. Krüger, 272 S., kart. **DM 9,95**/S 79,–

FALKEN VERLAG

Die Preise entsprechen dem Status beim Druck dieses

Riesen-Kreuzwort-Rätsel-Lexikon
über 250.000 Begriffe. (4197) Von H. Schiefelbein, 1024 S., Pappband.
DM 29,80/ S 239,–

Das große farbige Kinderlexikon
(4195) Von U. Kopp, 320 S., 493 Farbabb., 17 s/w-Fotos, Pappband.
DM 29,80/S 239,–

Das große farbige
Bastelbuch für Kinder
(4254) Von U. Barff, I. Burkhardt, J. Maier, 224 S., 157 Farbfotos, 430 Farb- und 69 s/w-Zeichnungen, Pappband. **DM 29,80**/ S 239.–

Punkt, Punkt, Komma, Strich
Zeichenstunden für Kinder. (0564) Von H. Witzig, 144 S., über 250 Zeichnungen, kart. **DM 6,80**/S 59.–

Einmal grad und einmal krumm
Zeichenstunden für Kinder. (0599) Von H. Witzig, 144 S., 363 Abb., kart.
DM 6,80/S 59.–

Kinderspiele
die Spaß machen. (2009) Von H. Müller-Stein, 112 S., 28 Abb., kart.
DM 6,80/S 59.–

Spiele für Kleinkinder
(2011) Von D. Kellermann, 80 S., 23 Abb., kart. **DM 5,80**/S 49.–

Kasperletheater
Spieltexte und Spielanleitungen · Basteltips für Theater und Puppen. (0641) Von U. Lietz, 136 S., 4 Farbtafeln, 12 s/w-Fotos, 39 Zeichnungen, kart.
DM 9,80/S 79.–

Tri-tra-trullalla
Neue Texte mit Spielanleitungen fürs Kasperletheater.
(0681) Von U. Lietz, 96 S., 18 s/w-Zeichnungen, kart. **DM 8,80**/S 74.–

Kindergeburtstag
Vorbereitung, Spiel und Spaß. (0287) Von Dr. I. Obrig, 104 S., 40 Abb., 11 Zeichnungen, 9 Lieder mit Noten, kart.
DM 5,80/S 49.–

Kindergeburtstage die keiner vergißt
Planung, Gestaltung, Spielvorschläge. (0698) Von G. und G. Zimmermann, 102 S., 80 Vignetten, kart. **DM 9,80**/ S 79,–

Kinderfeste
daheim und in Gruppen. (4033) Von G. Blechner, 240 S., 320 Abb., kart.
DM 19,80/S 159.–

Scherzfragen, Drudel und Blödeleien
gesammelt von Kindern. (0506) Hrsg. von W. Pröve, 112 S., 57 Zeichnungen, kart. **DM 5,80**/S 49.–

Kein schöner Land...
Das große Buch unserer beliebtesten Volkslieder. (4150) 208 S., 108 Farbzeichnungen, Pappband. **19,80**/S 159.–

Komm mit ins Land der Lieder
Das große Buch der Kinder-, Volks- und Chorlieder. (4261) Hrsg. von H. Rauhe, 176 S., 146 Farbzeichnungen, Pappband.
DM 25,–/S 200.–

Die schönsten Wander- und Fahrtenlieder
(0462) Hrsg. von F. R. Miller, empfohlen vom Deutschen Sängerbund, 80 S., mit Noten und Zeichnungen, kart.
DM 5,80/S 49.–

Die schönsten Volkslieder
(0432) Hrsg. von D. Walther, 128 S., mit Noten und Zeichnungen, kart.
DM 6,80/ S 59.–

Neue Spiele für Ihre Party
(2022) Von G. Blechner, 120 S., 54 Zeichnungen, kart. **DM 9,80**/S 79.–

Lustige Tanzspiele und Scherztänze
für Parties und Feste. (0165) Von E. Bäulke, 80 S., 53 Abb., kart.
DM 6,80/S 59.–

Straßenfeste, Flohmärkte und Basare
Praktische Tips für Organisation und Durchführung. (0592) Von H. Schuster, 96 S., 52 Fotos, 17 Zeichnungen, kart.
DM 12,80/S 99.–

Humor

Heitere Vorträge und witzige Reden
Lachen, Witz und gute Laune. (0149) Von E. Müller, 104 S., 44 Abb., kart.
DM 9,80/S 79,–

Tolle Sketche
mit zündenden Pointen – zum Nachspielen. (0656) Von E. Cohrs, 112 S., kart. **DM 9,80**/S 79.–

Vergnügliche Sketche
(0476) Von H. Pillau, 96 S., mit 7 Zeichnungen, kart. **DM 6,80**/S 59.–

Heitere Vorträge
(0528) Von E. Müller, 128 S., 14 Zeichnungen, kart. **DM 9,80**/S 79.–

Die große Lachparade
Neue Texte für heitere Vorträge und Ansagen. (0188) Von E. Müller, 80 S., kart. **DM 7,80**/S 69.–

So feiert man Feste fröhlicher
Heitere Vorträge und Gedichte. (0098) Von Dr. Allos, 96 S., 15 Abb., kart. **DM 7,80**/S 69.–

Lustige Vorträge für fröhliche Feiern
(0284) Von K. Lehnhoff, 96 S., kart.
DM 6,80/S 59.–

Vergnügliches Vortragsbuch
(0091) Von J. Plaut, 192 S., kart.
DM 8,80/S 74.–

Tolle Sachen zum Schmunzeln und Lachen
Lustige Ansagen und Vorträge. (0163) Von E. Müller, 92 S., kart.
DM 6,80/S 59.–

Locker vom Hocker
Witzige Sketche zum Nachspielen. (4262) Von W. Giller, 144 S., 41 Zeichnungen, Pappband. **DM 19,80**/S 159.–

Fidele Sketche und heitere Vorträge
Humor zum Nachspielen. (0157) Von H. Ehnle. 96 S., kart. **DM 6,80**/S 59.–

Sketche und spielbare Witze
für bunte Abende und andere Feste. (0445) Von H. Friedrich, 120 S., 7 Zeichnungen, kart. **DM 6,80**/S 59.–

Sketsche
Kurzspiele zu amüsanter Unterhaltung. (0247) Von M. Gering, 132 S., 16 Abb., kart., **DM 6,80**/59.–

Dalli-Dalli-Sketche
aus dem heiteren Ratespiel von und mit Hans Rosenthal. (0527) Von H. Pillau, 144 S., 18 Zeichnungen, kart.
DM 9,80/S 79.–

Witzige Sketche zum Nachspielen
(0511) Von D. Hallervorden, 160 S., kart.
DM 14,80/S 119.–

Gereimte Vorträge
für Bühne und Bütt. (0567) Von G. Wagner, 96 S., kart. **DM 7,80**/S 69.–

Damen in der Bütt
Scherze, Büttenreden, Sketsche. (0354) Von T. Müller, 136 S., kart.
DM 9,80/S 79.–

Narren in der Bütt
Leckerbissen aus dem rheinischen Karneval. (0216) Zusammengestellt von T. Lücker, 112 S., kart.
DM 8,80/S 74.–

Rings um den Karneval
Karnevalsscherze und Büttenreden. (0130) Von Dr. Allos, 136 S., kart.
DM 9,80/S 79.–

Helau und Alaaf 1
Närrisches aus der Bütt. (0304) Von E. Müller, 112 S., kart.
DM 6,80/S 59.–

Helau und Alaaf 2
Neue Büttenreden. (0477) Von E. Luft, 104 S., kart.
DM 7,80/S 69.–

Helau und Alaaf 3
Neue Reden für die Bütt. (0832) Von H. Fauser, 144 S., 13 Zeichnungen, kart.
DM 9,80/S 79.–

Humor und Stimmung
Ein heiteres Vortragsbuch. (0460) Von G. Wagner, 112 S., kart. **DM 6,80**/S 59.–

Humor und gute Laune
Ein heiteres Vortragsbuch. (0635) Von G. Wagner, 112 S., 5 Zeichnungen, kart. **DM 8,80**/S 74.–

Das große Buch der Witze
(0384) Von E. Holz, 320 S., 36 Zeichnungen, Pappband. **DM 16,80**/S 139.–

Da lacht das Publikum
Neue lustige Vorträge für viele Gelegenheiten. (0716) Von H. Schmalenbach, 104 S., kart. **DM 9,80**/S 79,–

Witzig, witzig
(0507) Von E. Müller, 128 S., 16 Zeichnungen, kart. **DM 6,80**/S 59,–

Die besten Witze und Cartoons des Jahres 1
(0454) Hrsg. von K. Hartmann, 288 S., 125 Zeichnungen, geb. **DM 16,80**/S 139.–

Die besten Witze und Cartoons des Jahres 2
(0488) Hrsg. von K. Hartmann, 288 S., 148 Zeichnungen, geb. **DM 16,80**/S 139.–

Die besten Witze und Cartoons des Jahres 3
(0524) Hrsg. von K. Hartmann, 288 S., 105 Zeichnungen, Pappband.
DM 16,80/S 139.–

Die besten Witze und Cartoons des Jahres 4
(0579) Hrsg. von K. Hartmann, 288 S., 140 Zeichnungen, Pappband.
DM 16,80/S 139.–

Die besten Witze und Cartoons des Jahres 5
(0642) Hrsg. von K. Hartmann, 288 S., 88 Zeichnungen, Pappband.
DM 16,80/S 139.–

Das Superbuch der Witze
(4146) Von B. Bornheim, 504 S., 54 Cartoons, Pappband.
DM 16,80/S 139.–

Witze
Lachen am laufenden Band (4241) Von J. Burkert, D. Kroppach, 400 S., 41 Zeichnungen, Pappband.
DM 15,–/S 120,–

Die besten Beamtenwitze
(0574) Hrsg. von W. Pröve, 112 S., 59 Cartoons, kart. **DM 5,80**/S 49.–

Die besten Kalauer
(0705) Von K. Frank, 112 S., 12 Zeichnungen, kart., **DM 5,80**/S 49.–

Robert Lembkes Witzauslese
(0325) Von Robert Lembke, 160 S., 10 Zeichnungen von E. Köhler, Pappband. **DM 14,80**/S 119.–

Fred Metzlers Witze mit Pfiff
(0368) Von F. Metzler, 120 S., kart. **DM 6,80**/ S 59.–

O frivol ist mir am Abend
Pikante Witze von Fred Metzler. (0388) Von F. Metzler, 128 S., mit Karikaturen, kart. **DM 5,80**/S 49.–

Herrenwitze
(0589) Von G. Wilhelm, 112 S., 31 Zeichnungen, kart. **DM 5,80**/S 49.–

Witze am laufenden Band
(0461) Von F. Asmussen, 118 S., kart. **DM 6,80**/S 59.–

Horror zum Totlachen
Gruselwitze
(0536) Von F. Lautenschläger, 96 S., 44 Zeichnungen, kart. **DM 5,80**/S 49.–

Die besten Ostfriesenwitze
(0495) Hrsg. von O. Freese, 112 S., 17 Zeichnungen, kart. **DM 5,80**/S 49.–

Die Kleidermotte ernährt sich von nichts, sie frißt nur Löcher
Stilblüten, Sprüche und Widersprüche aus Schule, Zeitung, Rundfunk und Fernsehen. (0738) Von P. Haas, D. Kroppach, 112 S., zahlr. Abb., kart. **DM 6,80**/S 59.–

Olympische Witze
Sportlerwitze in Wort und Bild. (0505) Von W. Willnat, 112 S., 126 Zeichnungen, kart. **DM 5,80**/S 49.–

Ich lach mich kaputt! Die besten Kinderwitze
(0545) Von E. Hannemann, 128 S., 15 Zeichnungen, kart. **DM 5,80**/S 49.–

Lach mit!
Witze für Kinder, gesammelt von Kindern. (0468) Hrsg. von W. Pröve, 128 S., 17 Zeichnungen, kart. **DM 6,80**/S 59.–

Die besten Kinderwitze
(0757) Von K. Rank, 120 S., 28 Zeichnungen, kart. **DM 6,80**/S 59.–

Lustige Sketche für Jungen und Mädchen
Kurze Theaterstücke für Jungen und Mädchen. (0669) Von U. Lietz und U. Lange, 104 S., kart. **DM 7,80**/S 69.–

Spielbare Witze für Kinder
(0824) Von H. Schmalenbach, 128 S., 30 Zeichnungen, kart. **DM 9,80**/S 79.–

Natur

Faszination Berg
zwischen Alpen und Himalaya. (4214) Von T. Hiebeler, 96 S., 100 Farbfotos, Pappband. **DM 24,80**/S 198.–

Hilfe für den Wald
Ursachen, Schadbilder, Hilfsprogramme. Was jeder wissen muß, um unser wichtigstes Öko-System zu retten. (4164) Von K. F. Wentzel, R. Zundel, 128 S., 178 Farb- und 6 s/w-Fotos, 60 Zeichnungen, kart. **DM 19,80**/S 159.–

Pilze
erkennen und benennen. (0380) Von J. Raithelhuber, 136 S., 110 Farbfotos, kart. **DM 14,80**/S 119.–

Falken-Handbuch **Pilze**
Mit über 250 Farbfotos und Rezepten. (4061) Von M. Knoop, 276 S., 250 Farbfotos, Pappband. **DM 39,–**/S 319.–

Das Gartenjahr
Arbeitsplan für den Hobbygärtner. (4075) Von G. Bambach, 152 S., 16 Farbtafeln, 141 Abb., kart. **DM 16,80**/S 139.–

Gartenteiche und Wasserspiele
planen, anlegen und pflegen. (4083) Von H. R. Sikora, 160 S., 31 Farb- und 31 s/w-Fotos, 73 Zeichnungen, Pappband. **DM 29,80**/S 239.–

Wasser im Garten
Von der Vogeltränke zum Naturteich – Natürliche Lebensräume selbst gestalten. (4230) Von H. Hendel, 240 S., 247 Farbfotos, 68 Farbzeichnungen, Pappband. **DM 59,–**/S 479.–

Gärtnern
(5004) Von I. Manz, 64 S., 38 Farbfotos, Pappband. **DM 14,80**/S 119.–

Gärtner Gustavs Gartenkalender
Arbeitspläne · Pflanzenporträts · Gartenlexikon. (4155) Von G. Schoser, 120 S., 146 Farbfotos, 13 Tabellen, 203 farbige Zeichnungen, Pappband. **DM 24,80**/S 198.–

Ziersträucher und -bäume im Garten
(5071) Von I. Manz, 64 S., 91 Farbfotos, Pappband. **DM 14,80**/S 119.–

Das Blumenjahr
Arbeitsplan für drinnen und draußen. (4142) Von G. Vocke, 136 S., 15 Farbtafeln, kart. **DM 14,80**/S 119.–

Der richtige Schnitt von Obst- und Ziergehölzen, Rosen und Hecken
(0619) Von E. Zettl, 88 S., 8 Farbtafeln, 39 Zeichnungen, 21 s/w-Fotos, kart. **DM 7,80**/S 69.–

Blumenpracht im Garten
(5014) Von I. Manz, 64 S., 93 Farbfotos, Pappband. **DM 14,80**/S 119.–

Blütenpracht in Haus und Garten
(4145) Von M. Haberer, u. a., 352 S., 1012 Farbfotos, Pappband. **DM 39,–**/S 319.–

Sag's mit Blumen
Pflege und Arrangieren von Schnittblumen. (5103) Von P. Möhring, 64 S., 68 Farbfotos, 2 s/w-Abb., Pappband. **DM 14,80**/S 119.–

Grabgestaltung
Bepflanzung und Pflege zu jeder Jahreszeit. (5120) Von N. Uhl, 64 S., 77 Farbfotos, 2 Zeichnungen, Pappband. **DM 16,80**/S 139.–

Wintergärten
Das Erlebnis, mit der Natur zu Wohnen. Planen, Bauen und Gestalten. (4256) Von LOG, ID, 136 S., 130 Farbfotos, 107 Zeichnungen, Pappband. **DM 49,–**/S 398.–

Leben im Naturgarten
Der Biogärtner und seine gesunde Umwelt. (4124) Von N. Jorek, 128 S., 68 s/w-Fotos, kart. **DM 14,80**/S 119.–

So wird mein Garten zum Biogarten
Alles über die Umstellung auf naturgemäßen Anbau. (0706) Von I. Gabriel, 128 S., 73 Farbfotos, 54 Farbzeichnungen, kart. **DM 14,80**/S 119.–

Gesunde Pflanzen im Biogarten
Biologische Maßnahmen bei Schädlingsbefall und Pflanzenkrankheiten. (0707) Von I. Gabriel, 128 S., 126 Farbfotos, 12 Farbzeichnungen, kart. **DM 14,80**/ S 119.–

Kosmische Einflüsse auf unsere Gartenpflanzen
Sterne beeinflussen Wachstum und Gesundheit der Pflanzen (0708) Von I. Gabriel, 112 S., 57 Farbfotos, 43 Farbzeichnungen, kart. **DM 14,80**/S 119.–

Der Biogarten unter Glas und Folie
Ganzjährig erfolgreich ernten. (0722) Von I. Gabriel, 128 S., 62 Farbfotos, 45 Farbzeichnungen, kart. **DM 14,80**/S 119.–

Obst und Beeren im Biogarten
Gesunde und schmackhafte Früchte durch natürlichen Anbau. (0780) Von I. Gabriel, 128 S., 38 Farbfotos, 71 Farbzeichungen, kart. **DM 14,80**/S 119.–

Neuanlage eines Biogartens
Planung, Bodenvorbeitung, Gestaltung. (0721) Von I. Gabriel, 128 S., 73 Farbfotos, 39 Zeichnungen, kart. **DM 14,80**/ S 119.–

Der biologische Zier- und Wohngarten
Planen, Vorbereiten, Bepflanzen und Pflegen. (0748) Von I. Gabriel, 128 S., 72 Farbfotos, 46 Farbzeichnungen, kart. **DM 14,80**/S 119.–

Gemüse im Biogarten
Gesunde Ernte durch naturgemäßen Anbau (0830) Von I. Gabriel, 128 S., 26 Farbfotos, 86 Farbzeichnungen, kart. **DM 14,80**/S 119.–

Erfolgreich gärtnern
durch naturgemäßen Anbau (4252) Von I. Gabriel, 416 S., 176 Farbfotos, 212 Farbzeichnungen, Pappband. **DM 19,80**/S 159.–

Das Bio-Gartenjahr
Arbeitsplan für naturgemäßes Gärtnern. (4169) Von N. Jorek, 128 S., 8 Farbtafeln, 70 s/w-Abb. kart. **DM 14,80**/S 119.–

Selbstversorgung aus dem eigenen Anbau
Reichen Erntesegen verwerten und haltbar machen. (4182) Von M. Bustorf-Hirsch, M. Hirsch, 216 S., 270 Zeichnungen, Pappband. **DM 29,80**/S 239.–

Mischkultur im Nutzgarten
Mit Jahreskalender und Anbauplänen. (0651) Von H. Oppel, 112 S., 8 Farbtafeln, 23 s/w-Fotos, 29 Zeichnungen, kart. **DM 9,80**/S 79.–

Erfolgreich gärtnern mit
Frühbeet und Folie
(0828) Von Dr. Gustav Schoser, 88 S., 8 Farbtafeln, 46 s/w-Fotos, kart.
DM 8,80/S 74,–

Erfolgstips für den Gemüsegarten
Mit naturgemäßem Anbau zu höherem Ertrag. (0674) Von F. Mühl, 80 S., 30 s/w-Fotos, 4 Zeichnungen, kart.
DM 7,80/ S 69.–

Erfolgstips für den Obstgarten
Gesunde Früchte durch richtige Sortenwahl und Pflege. (0827) Von F. Mühl, 184 S., 16 Farbtafeln, 33 Zeichnungen, kart. **DM 14,80**/S 119.–

Gemüse, Kräuter, Obst aus dem Balkongarten
– Erfolgreich ernten auf kleinstem Raum. (0694) Von S. Stein, 32 S., 34 Farbfotos, 6 Zeichnungen, Spiralbindung, kart. **DM 7,80**/S 69.–

Keime, Sprossen, Küchenkräuter
am Fenster ziehen – rund ums Jahr. (0658) Von F. und H. Jantzen, 32 S., 55 Farbfotos, Pappband.
DM 6,80/S 59.–

Balkons in Blütenpracht
zu allen Jahreszeiten.
(5047) Von N. Uhl, 64 S., 80 Farbfotos, Pappband. **DM 14,80**/S 119.–

Kübelpflanzen
für Balkon, Terrasse und Dachgarten. (5132) Von M. Haberer, 64 S., 70 Farbfotos, Pappband. **DM 14,80**/S 119.–

Kletterpflanzen
Rankende Begrünung für Fassade, Balkon und Garten. (5140) Von M. Haberer, 64 S., 70 Farbabb., 2 Zeichnungen, Pappband. **DM 14,80**/S 119.–

Mein Kräutergarten rund ums Jahr
Täglich schnittfrisch und gesund würzen. (4192) Von Prof. Dr. G. Lysek, 136 S., 15 Farbtafeln, 91 Zeichnungen, kart.
DM 16,80/S 139,–

Blühende Zimmerpflanzen
94 Arten mit Pflegeanleitungen. (5010) Von R. Blaich, 64 S., 107 Farbfotos, Pappband. **DM 14,80**/S 119.–

Falken-Handbuch **Zimmerpflanzen**
1600 Pflanzenporträts. (4082) Von R. Blaich, 432 S., 480 Farbfotos, 84 Zeichnungen, 1600 Pflanzenbeschreibungen, Pappband. **DM 39,–**/S 319.–

Blütenpracht in Grolit 2000
Der neue, mühelose Weg zu farbenprächtigen Zimmerpflanzen. (5127) Von G. Vocke, 64 S., 50 Farbfotos, Pappband.
DM 14,80/S 119.–

Ziergräser
Über 100 Arten erfolgreich kultivieren. (0829) Von H. Jantra, 104 S., 73 Farbfotos, 6 Farbzeichnungen, kart.
DM 16,80/S 139.–

Bonsai
Japanische Miniaturbäume und Miniaturlandschaften. Anzucht, Gestaltung und Pflege. (4091) Von B. Lesniewicz, 160 S., 106 Farbfotos, 46 s/w-Fotos, 115 Zeichnungen, gebunden. **DM 68,–**/S 549.–

Zimmerbäume, Palmen und andere Blattpflanzen
Standort, Pflege, Vermehrung, Schädlinge. (5111) Von G. Schoser, 96 S., 98 Farbfotos, 7 Zeichnungen, Pappband.
DM 19,80/S 159.–

Biologisch zimmergärtnern
Zier- und Nutzpflanzen natürlich pflegen. (4144) Von N. Jorek, 152 S., 15 Farbtafeln, 120 s/w-Fotos, Pappband.
DM 19,80/S 159.–

Hydrokultur
Pflanzen ohne Erde – mühelos gepflegt. (4080) Von H.-A. Rotter, 120 S., 82 Abb., Pappband. **DM 19,80**/S 159.–

Zimmerpflanzen in Hydrokultur
Leitfaden für problemlose Blumenpflege. (0660) Von H.-A. Rotter, 32 S., 76 Farbfotos, 8 farbige Zeichnungen, Pappband.
DM 7,80/S 69.–

Sukkulenten
Mittagsblumen, Lebende Steine, Wolfsmilchgewächse u. a. (5070) Von W. Hoffmann, 64 S., 82 Farbfotos, Pappband.
DM 14,80/S 119.–

Kakteen und andere Sukkulenten
300 Arten mit über 500 Farbfotos. (4116) Von G. Andersohn, 316 S., 520 Farbfotos, 193 Zeichnungen, Pappband.
DM 49,–/S 398.–

Fibel für Kakteenfreunde
(0199) Von H. Herold, 102 S., 23 Farbfotos, 37 s/w-Abb., kart. **DM 9,80**/S 79.–

Kakteen
Herkunft, Anzucht, Pflege, Arten. (5021) Von W. Hoffmann, 64 S., 70 Farbfotos, Pappband. **DM 14,80**/S 119.–

Faszinierende Formen und Farben
Kakteen
(4211) Von K. und F. Schild, 96 S., 127 Farbfotos, Pappband.
DM 24,80/S 198.–

Orchideen
(4215) Von G. Schoser, 96 S., 143 Farbfotos, Pappband. **DM 24,80**/S 198.–

Falken-Handbuch **Orchideen**
Lebensraum, Kultur, Anzucht und Pflege. (4231) Von G. Schoser, 144 S., 121 Farbfotos, 28 Farbzeichnungen, Pappband.
DM 29,80/S 239,–

Falken-Handbuch **Katzen**
(4158) Von B. Gerber, 176 S., 294 Farb- und 88 s/w-Fotos, Pappband.
DM 39,–/S 319.–

Katzen
Rassen · Haltung · Pflege. (4216) Von B. Eilert-Overbeck, 96 S., 82 Farbfotos, Pappband. **DM 24,80**/S 198.–

Das neue Katzenbuch
Rassen – Aufzucht – Pflege. (0427) Von B. Eilert-Overbeck, 136 S., 14 Farbfotos, 26 s/w-Fotos, kart. **DM 8,80**/S 74.–

Katzenkrankheiten
Erkennung und Behandlung. Steuerung des Sexualverhaltens. (0652) Von Dr. med. vet. R. Spangenberg, 176 S., 64 s/w-Fotos, 4 Zeichnungen, kart.
DM 9,80/S 79.–

Falken-Handbuch **Hunde**
(4118) Von H. Bielfeld, 176 S., 222 Farbabbildungen, 73 s/w-Abb., Pappband.
DM 39,–/S 319.–

Hunde
Rassen · Erziehung · Haltung. (4209) Von H. Bielfeld, 96 S., 101 Farbfotos, Pappband. **DM 24,80**/S 198.–

Das neue Hundebuch
Rassen · Aufzucht · Pflege. (0009) Von W. Busack, überarbeitet von Dr. med. vet. A. H. Hacker und H. Bielfeld, 112 S., 8 Farbtafeln, 27 s/w-Fotos, 6 Zeichnungen, kart. **DM 8,80**/S 74.–

Falken-Handbuch
Der Deutsche Schäferhund
(4077) Von U. Förster, 228 S., 160 Abb., Pappband. **DM 29,80**/S 239.–

Der Deutsche Schäferhund
Aufzucht, Pflege und Ausbildung. (0073) Von A. Hacker, 104 S., 56 Abb., kart.
DM 7,80/S 69.–

Dackel, Teckel, Dachshund
Aufzucht · Pflege · Ausbildung. (0508) Von M. Wein-Gysae, 112 S., 4 Farbtafeln, 43 s/w-Fotos, 2 Zeichnungen, kart.
DM 9,80/S 79.–

Hundeausbildung
Verhalten – Gehorsam – Abrichtung. (0346) Von Prof. Dr. R. Menzel, 96 S., 18 Fotos, kart. **DM 7,80**/S 69.–

Grundausbildung für Gebrauchshunde
Schäferhund, Boxer, Rottweiler, Dobermann, Riesenschnauzer, Airedaleterrier, Hovawart und Bouvier. (0801) Von M. Schmidt und W. Koch, 104 S., 8 Farbtafeln, 51 s/w-Fotos, 5 s/w-Zeichnungen, kart. **DM 9,80**/S 79.–

Hundekrankheiten
Erkennung und Behandlung, Steuerung des Sexualverhaltens. (0570) Von Dr. med. vet. R. Spangenberg, 128 S., 68 s/w-Fotos, 10 Zeichnungen, kart.
DM 9,80/S 79.–

Falken-Handbuch **Pferde**
(4186) Von H. Werner, 176 S., 196 Farb- und 50 s/w-Fotos, 100 Zeichnungen, Pappband. **DM 48,–**/S 389,–

Ponys
Rassen, Haltung, Reiten. (4205) Von S. Braun, 96 S., 84 Farbfotos, Pappband.
DM 24,80/S 198.–

Wellensittiche
Arten · Haltung · Pflege · Sprechunterricht · Zucht. (5136) Von H. Bielfeld, 64 S., 59 Farbfotos, Pappband.
DM 14,80/S 119.–

Papageien und Sittiche
Arten · Pflege · Sprechunterricht. (0591) Von H. Bielfeld, 112 S., 8 Farbtafeln, kart. **DM 9,80**/S 79.–

Geflügelhaltung als Hobby
(0749) Von M. Baumeister, H. Meyer, 184 S., 8 Farbtafeln, 47 s/w-Fotos, 15 Zeichnungen, kart. **DM 16,80**/S 139,–

DIE TIERSPRECHSTUNDE
Alles über Igel in Natur und Garten
(0810) Von Dr. med. vet. E. M. Bartenschlager, 68 S., 51 Farbfotos, kart.
DM 9,80/S 79.–

DIE TIERSPRECHSTUNDE
Alles über Meerschweinchen
(0809) Von Dr. med. vet. E. M. Bartenschlager, 72 S., 43 Farbfotos, 11 Farbzeichnungen, kart. **DM 9,80**/S 79.–

DIE TIERSPRECHSTUNDE
Tiere im Wassergarten
(0808) Von Dr. med. vet. E. M. Bartenschlager, 96 S., 82 Farbfotos, 7 Zeichnungen, kart. **DM 9,80**/S 79,–

Das Süßwasser-Aquarium
Einrichtung · Pflege · Fische · Pflanzen. (0153) Von H. J. Mayland, 152 S., 16 Farbtafeln, 43 s/w-Zeichnungen, kart.
DM 12,80/S 99.–

Falken-Handbuch
Süßwasser-Aquarium
(4191) Von H. J. Mayland, 288 S., 564 Farbfotos, 75 Zeichnungen, Pappband. **DM 49,–**/S 398,–

FALKEN VERLAG

Cichliden
Pflege, Herkunft und Nachzucht der wichtigsten Buntbarscharten. (5144) Von Jo in't Veen, 96 S., 163 Farbfotos, Pappband. **DM 19,80**/S 159,–

Gesundheit

Die Frau als Hausärztin
Der unentbehrliche Ratgeber für die Gesundheit. (4072) Von Dr. med. A. Fischer-Dückelmann, 808 S., 14 Farbtafeln, 146 s/w-Fotos, 203 Zeichnungen, Pappband. **DM 29,80**/S 239,–

Heiltees und Kräuter für die Gesundheit
(4123) Von G. Leibold, 136 S., 15 Farbtafeln, 16 Zeichnungen, kart.
DM 14,80/S 119.–

Falken-Handbuch
Heilkräuter
Modernes Lexikon der Pflanzen und Anwendungen (4076) Von G. Leibold, 392 S., 183 Farbfotos, 22 Zeichnungen, geb. **DM 39,–**/S 319.–

Die farbige Kräuterfibel
Heil- und Gewürzpflanzen. (0245) Von I. Gabriel, 196 S., 49 farbige und 97 s/w-Abb., kart. **DM 14,80**/ S 119.–

Falken-Handbuch
Bio-Medizin
Alles über die moderne Naturheilpraxis. (4136) Von G. Leibold, 552 S., 38 Farbfotos, 232 s/w-Abb., Pappband.
DM 39,–/ S 319.–

Enzyme
(0677) Von G. Leibold, 96 S., kart.
DM 9,80/S 79.–

Heilfasten
(0713) Von G. Leibold, 108 S., kart.
DM 9,80/S 79.–

Besser leben durch Fasten
(0841) Von G. Leibold, 100 S., kart.
DM 9,80/S 79,–

Krebsangst und Krebs behandeln
Mit einem Vorwort von Prof. Dr. med. Friedrich Douwes (0839) Von G. Leibold, 104 S., kart.
DM 9,80/S 79,–

Allergien behandeln und lindern
Mit einem Vorwort von Prof. Dr. med. Axel Stemmann (0840) Von G. Leibold, 104 S., 4 Zeichnungen, kart. **DM 9,80**/S 79,–

Rheuma behandeln und lindern
Mit einem Vorwort von Dr. med. Max-Otto-Bruker (0836) Von G. Leibold, 104 S., kart.
DM 9,80/S 79,–

Die echte Schroth-Kur
(0797) Von Dr. med. R. Schroth, 88 S., 2 s/w-Fotos, kart. **DM 9,80**/S 79,–

Streß bewältigen durch Entspannung
(0834) Von Dr. med. Chr. Schenk, 88 S., 29 Zeichnungen, kart. **DM 9,80**/S 79,–

So lebt man länger nach Dr. Le Comptes Erfolgsmethode!
Vital und gesund bis ins hohe Alter. (4129) Von Dr. H. Le Compte, P. Pervenche, 224 S., gebunden.
DM 24,80/S 198.–

Gesundheit und Spannkraft durch Yoga
(0321) Von L. Frank und U. Ebbers, 112 S., 50 s/w-Fotos, kart.
DM 7,80/S 69.–

Yoga für jeden
(0341) Von K. Zebroff, 156 S., 135 Abb., Spiralbindung, **DM 20,–**/S 160.–

Yoga für Schwangere
Der Weg zur sanften Geburt. (0777) Von V. Bolesta-Hahn, 108 S., 76 2-farbige Abb. **DM 12,80**/S 99,–

Yoga gegen Haltungsschäden und Rückenschmerzen
(0394) Von A. Raab, 104 S., 215 Abb., kart. **DM 6,80**/S 59.–

Hypnose und Autosuggestion
Methoden – Heilwirkungen – praktische Beispiele. (0483) Von G. Leibold, 116 S., kart. **DM 7,80**/S 69.–

Gesund durch Gedankenenergie
Heilung im gemeinsamen Kraftfeld (6035) Nur VHS, 45 Min., in Farbe
DM 69,–/S 619,–
(unverbindliche Preisempfehlung)

Autogenes Training
Anwendung · Heilwirkungen · Methoden. (0541) Von R. Faller, 128 S., 3 Zeichnungen, kart. **DM 9,80**/S 79.–

Die fernöstliche Fingerdrucktherapie Shiatsu
Anleitungen zur Selbsthilfe – Heilwirkungen. (0615) Von G. Leibold, 196 S., 180 Abb., kart. **DM 16,80**/S 139.–

Eigenbehandlung durch Akupressur
Heilwirkungen – Energielehre – Meridiane. (0417) Von G. Leibold, 152 S., 78 Abb., kart. **DM 9,80**/S 79.–

Chinesische Naturheilverfahren
Selbstbehandlung mit bewährten Methoden der physikalischen Therapie. Atemtherapie · Heilgymnastik · Selbstmassage · Vorbeugen · Behandeln · Entspannen. (4247) Von F. Tjoeng Lie, 160 S., 292 zweifarbige Zeichnungen, Pappband. **DM 29,80**/S 239.–

Bauch, Taille und Hüfte gezielt formen durch **Aktiv-Yoga**
(0709) Von K. Zebroff, 112 S., 102 Farbfotos, Spiralbindung, **DM 14,80**/S 119,–

10 Minuten täglich Tele-Gymnastik
(5102) Von B. Manz und K. Biermann, 128 S., 381 Abb., kart.
DM 14,80/S 119.–

Gesund und fit durch Gymnastik
(0366) Von H. Pilss-Samek, 132 S., 150 Abb., kart. **DM 9,80**/S 79.–

Stretching
Mit Dehnungsgymnastik zu Entspannung, Geschmeidigkeit und Wohlbefinden. (0717) Von H. Schulz, 80 S., 90 s/w-Fotos, kart. **DM 7,80**/S 69.–

Gesund und leistungsfähig durch **Konditionsübungen, Fitneßtraining, Wirbelsäulengymnastik**
(0844) Von R. Milser, K. Grafe, 104 S., 99 Farbfotos, 12 Farbzeichnungen, 5 s/w-Zeichnungen kart.
DM 16,80/ S 139.–

Gesundheit durch altbewährte Kräuterrezepte und Hausmittel aus der **Natur-Apotheke**
(4156) Von G. Leibold, 236 S., 8 Farbtafeln, 100 Zeichnungen, kart..
DM 19,80/S 159.–
(4157) Pappband, **29,80**/S 239.–

Diät bei Krankheiten des Magens und Zwölffingerdarms
Rezeptteil von B. Zöllner. (3201) Von Prof. Dr. med. H. Kaess, 96 S., 4 Farbtafeln, kart. **DM 10,80**/S 85.–

Diät bei Herzkrankheiten und Bluthochdruck
Salzarme (natriumarme) Kost. Rezeptteil von B. Zöllner. (3202) Von Prof. Dr. med. H. Rottka, 92 S., 4 Farbtafeln, kart.
DM 10,80/S 85.–

Diät bei Erkrankungen der Nieren, Harnwege und bei Dialysebehandlung
Völlig überarbeitete Neuauflage, durchgehend farbig bebildert.
Rezeptteil von B. Zöllner. (3203) Von Prof. Dr. med. H. J. Sarre und Prof. Dr. med. R. Kluthe, ca. 100 S., ca. 50 Farbfotos, kart. **DM 12,80**/S 99.–
(erscheint März '87)

Richtige Ernährung wenn man älter wird
Völlig überarbeitete Neuauflage, durchgehend farbig bebildert.
Rezeptteil von B. Zöllner. (3204) Von Priv.-Doz. Dr. med. H.-J. Pusch und Dr. med. W. Koch, ca. 100 S., ca. 50 Farbfotos, kart. **DM 12,80**/S 99.–
(erscheint Juni '87)

Diät bei Gicht und Harnsäuresteinen
Rezeptteil von B. Zöllner. (3205) Von Prof. Dr. med. N. Zöllner, 80 S., 4 Farbtafeln, kart. **DM 10,80**/S 85.–

Diät bei Zuckerkrankheit
Rezeptteil von B. Zöllner. (3206) Von Prof. Dr. med. P. Dieterle, 80 S., 4 Farbtafeln, kart. **DM 10,80**/S 85.–

Diät bei Krankheiten der Gallenblase, Leber und Bauchspeicheldrüse
Rezeptteil von B. Zöllner. (3207) Von Prof. Dr. med. H. Kasper, 88 S., 4 Farbtafeln, kart. **DM 10,80**/S 85.–

Diät bei Störungen des Fettstoffwechsels und zur Vorbeugung der Arteriosklerose
Rezeptteil von B. Zöllner. (3208) Von Prof. Dr. med. G. Wolfram und Dr. med. O. Adam, 104 S., 4 Farbtafeln, kart.
DM 10,80/S 85.–

Diät bei Übergewicht
Völlig überarbeitete Neuauflage, durchgehend farbig bebildert.
Rezeptteil von B. Zöllner. (3209) Von Priv.-Doz. Dr. med. Ch. Keller, ca. 100 S., ca. 50 Farbfotos, kart. **DM 12,80**/S 99.–
(erscheint August '87)

Diät bei Darmkrankheiten
Durchfall – Divertikulose, Reizdarm und Darmträgheit – einheimische Sprue (Zöliakie) – Disaccharidasemangel – Dünndarmresektion – Dumping Syndrom. Rezeptteil von B. Zöllner. (3211) Von Prof. Dr. med. G. Strohmeyer, 88 S., 4 Farbtafeln, kart.
DM 10,80/S 85.–

Ballaststoffreiche Kost bei Funktionsstörungen des Darms
Rezeptteil von B. Zöllner. (3212) Von Prof. Dr. med. H. Kasper, ca. 100 S., ca. 50 Farbfotos, kart. **DM 12,80**/S 98,–

Bildatlas des menschlichen Körpers
(4177) Von G. Pogliani, V. Vannini, 112 S., 402 Farbabb., 28 s/w-Fotos, Pappband.
DM 29,80/S 239.–

Fußmassage
Reflexzonentherapie am Fuß (0714) Von G. Leibold, 96 S., 38 Zeichnungen, kart.
DM 9,80/S 79.–

FALKEN VERLAG

Rheuma und Gicht
Krankheitsbilder, Behandlung, Therapieverfahren, Selbstbehandlung, richtige Lebensführung und Ernährung. (0712) Von Dr. J. Höder, J. Bandick, 104 S., kart. **DM 9,80**/S 79.–

Krampfadern
Ursachen, Vorbeugung, Selbstbehandlung, Therapieverfahren. (0727) Von Dr. med. K. Steffens, 96 S., 38 Abb., kart. **DM 9,80**/S 79.–

Gallenleiden
Krankheitsbilder, Behandlung, Therapieverfahren, Selbstbehandlung, Richtige Lebensführung und Ernährung. (0673) Von Dr. med. K. Steffens, 104 S., 34 Zeichnungen, kart. **DM 9,80**/S 79,–

Asthma
Pseudokrupp, Bronchitis und Lungenemphysem. (0778) Von Prof. Dr. med. W. Schmidt, 120 S., 56 Zeichnungen, kart. **DM 9,80**/S 79,–

Fastenkuren
Wege zur gesunden Lebensführung. Rezepte und Tips für die Nachfastenzeit. Kurzfasten · Saftfastenkuren · Fastenschalttage · Heilfasten (4248) Von Ha. A. Mehler, H. Keppler, 144 S., 16 s/w-Fotos, 9 Zeichnungen, Pappband. **DM 29,80**/S 239,–

Vitamine und Ballaststoffe
So ermittle ich meinen täglichen Bedarf (0746) Von Prof. Dr. M. Wagner, I. Bongartz, 96 S., 6 Farbabb., zahlreiche Tabellen, kart. **DM 9,80**/S 79,–

Darmleiden
Krankheitsbilder, Behandlung, Selbstbehandlung, Richtige Lebensführung und Ernährung. (0798) Von Dr. med. K. Steffens, 112 S., 46 Zeichnungen, kart. **DM 9,80**/S 79,–

Massage
(0750) Von B. Rumpler, K. Schutt, 112 S., 116 2-farbige Zeichnungen, kart. **DM 12,80**/S 99,–

Ratgeber Aids
Entstehung, Ansteckung, Krankheitsbilder, Heilungschancen, Schutzmaßnahmen. (0803) Von B. Baartman, Vorwort von Dr. med. H. Jäger, 112 S., 8 Farbtafeln, 4 Grafiken, kart. **DM 16,80**/S 139,–

Wenn Kinder krank werden
Medizinischer Ratgeber für Eltern. (4240) Von Dr. med. I. J. Chasnoff, B. Nees-Delaval, 232 S., 163 Zeichnungen, Pappband. **DM 29,80**/S 239,–

Ratgeber Lebenshilfe

Umgangsformen heute
Die Empfehlungen des Fachausschusses für Umgangsformen. (4015) 282 S., 160 s/w-Fotos, 25 Zeichnungen, Pappband. **DM 29,80**/S 239.–

Der gute Ton
Ein moderner Knigge. (0063) Von I. Wolter, 168 S., 38 Zeichnungen, 53 s/w-Fotos, kart. **DM 9,80**/S 79.–

Haushaltstips von A bis Z
(0759) Von A. Eder, 80 S., 30 Zeichnungen, kart. **DM 7,80**/S 69,–

Wir heiraten
Ratgeber zur Vorbereitung und Festgestaltung der Verlobung und Hochzeit. (4188) Von C. Poensgen, 216 S., 8 s/w-Fotos, 30 s/w-Zeichnungen, 8 Farbtafeln, Pappband. **DM 19,80**/S 159,–

Der schön gedeckte Tisch
Vom einfachen Gedeck bis zur Festtafel stimmungsvoll und perfekt arrangiert (4246) Von H. Tapper, 112 S., 206 Farbabbildungen, 21 s/w-Abbildungen, Pappband. **DM 24,80**/S 198,–

Familienforschung · Ahnentafel · Wappenkunde
Wege zur eigenen Familienchronik. (0744) Von P. Bahn, 128 S., 8 Farbtafeln, 30 Abbildungen, kart. **DM 14,80**/S 119.–

Die Kunst der freien Rede
Ein Intensivkurs mit vielen Übungen, Beispielen und Lösungen. (4189) Von G. Hirsch, 232 S., 11 Zeichnungen, Pappband. **DM 29,80**/S 239,–

Reden zur Taufe, Kommunion und Konfirmation
(0751) Von G. Georg, 96 S., kart. **DM 6,80**/S 59,–

Der richtige Brief zu jedem Anlaß
Das moderne Handbuch mit 400 Musterbriefen. (4179) Von H. Kirst, 376 S., Pappband. **DM 26,80**/S 218,–

Von der Verlobung zur Goldenen Hochzeit
(0393) Von E. Ruge, 120 S., kart. **DM 6,80**/S 59.–

Reden zur Hochzeit
Musteransprachen für Hochzeitstage. (0654) Von G. Georg, 112 S., kart. **DM 6,80**/S 59.–

Glückwünsche, Toasts und Festreden zur Hochzeit.
(0264) Von I. Wolter, 128 S., 18 Zeichnungen, kart. **DM 7,80**/S 69.–

Hochzeits- und Bierzeitungen
Muster, Tips und Anregungen. (0288) Von H.-J. Winkler, mit vielen Text- und Gestaltungsanregungen, 116 S., 15 Abb., 1 Musterzeitung, kart. **DM 6,80**/ S 59.–

Kindergedichte zur Grünen, Silbernen und Goldenen Hochzeit
(0318) Von H.-J. Winkler, 104 S., 20 Abb., kart. **DM 6,80**/S 59.–

Die Silberhochzeit
Vorbereitung · Einladung · Geschenkvorschläge · Dekoration · Festablauf · Menüs · Reden · Glückwünsche. (0542) Von K. F. Merkle, 120 S., 41 Zeichnungen, kart. **DM 9,80**/S 79.–

Großes Buch der Glückwünsche
(0255) Hrsg. von O. Fuhrmann, 240 S., 77 Zeichnungen und viele Gestaltungsvorschläge, kart. **DM 9,80**/S 79.–

Neue Glückwunschfibel
für Groß und Klein. (0156) Von R. Christian-Hildebrandt, 96 S., kart. **DM 5,80**/S 49.–

Glückwunschverse für Kinder
(0277) Von B. Ulrici, 80 S., kart. **DM 5,80**/S 49.–

Die Redekunst
Rhetorik · Rednererfolg (0076) Von K. Wolter, überarbeitet von Dr. W. Tappe 80 S., kart. **DM 5,80**/S 49.–

Reden und Ansprachen
für jeden Anlaß. (4009) Hrsg. von F. Sicker, 454 S., gebunden. **DM 39,–**/S 319.–

Reden zum Jubiläum
Musteransprachen für viele Gelegenheiten (0595) Von G. Georg, 112 S., kart. **DM 6,80**/S 59.–

Reden zum Ruhestand
Musteransprachen zum Abschluß des Berufslebens (0790) Von G. Georg, 104 S., kart. **DM 7,80**/S 69,–

Reden und Sprüche zu Grundsteinlegung, Richtfest und Einzug
(0598) Von A. Bruder, G. Georg, 96 S., kart. **DM 6,80**/S 59.–

Reden zu Familienfesten
Musteransprachen für viele Gelegenheiten. (0675) Von G. Georg, 108 S., kart. **DM 6,80**/S 59.–

Reden zum Geburtstag
Musteransprachen für familiäre und offizielle Anlässe. (0773) Von G. Georg, 104 S., kart. **DM 7,80**/S 69,–

Festreden und Vereinsreden
Ansprachen für festliche Gelegenheiten. (0069) Von K. Lehnhoff, E. Ruge, 88 S., kart. **DM 5,80**/S 49.–

Reden im Verein
Musteransprachen für viele Gelegenheiten. (0703) Von G. Georg, 112 S., kart., **DM 6,80**/S 59.–

Trinksprüche
Fest- und Damenreden in Reimen. (0791) Von L. Metzner, 88 S., 14 s/w-Zeichnungen, kart. **DM 7,80**/S 69,–

Trinksprüche, Richtsprüche, Gästebuchverse
(0224) Von D. Kellermann, 80 S., kart. **DM 5,80**/S 49.–

Ins Gästebuch geschrieben
(0576) Von K. H. Trabeck, 96 S., 24 Zeichnungen, kart. **DM 7,80**/S 69.–

Poesiealbumverse
Heiteres und Besinnliches. (0578) Von A. Göttling, 112 S., 20 Zeichnungen, Pappband. **DM 14,80**/S 119.–

Verse fürs Poesiealbum
(0241) Von I. Wolter, 96 S., 20 Abb., kart. **DM 5,80**/S 49.–

Rosen, Tulpen, Nelken . . .
Beliebte Verse fürs Poesiealbum
(0431) Von W. Pröve, 96 S., 11 Faksimile-Abb., kart. **DM 5,80**/S 49.–

Der Verseschmied
Kleiner Leitfaden für Hobbydichter. Mit Reimlexikon. (0597) Von T. Parisius, 96 S., 28 Zeichnungen, kart. **DM 7,80**/S 69.–

Moderne Korrespondenz
Handbuch für erfolgreiche Briefe. (4014) Von H. Kirst und W. Manekeller, 544 S., gebunden. **DM 39,–**/S 319.–

Der neue Briefsteller
Musterbriefe für alle Gelegenheiten. (0060) Von I. Wolter-Rosendorf, 112 S., kart. **DM 5,80**/S 49.–

Geschäftliche Briefe
des Privatmanns, Handwerkers, Kaufmanns. (0041) Von A. Römer, 120 S., kart. **DM 6,80**/S 59.–

Behördenkorrespondenz
Musterbriefe – Anträge – Einsprüche. (0412) Von E. Ruge, 120 S., kart. **DM 7,80**/S 69.–

Musterbriefe
für alle Gelegenheiten. (0231) Hrsg. von O. Fuhrmann, 240 S., kart. **DM 9,80**/S 79.–

Privatbriefe
Muster für alle Gelegenheiten. (0114) Von I. Wolter-Rosendorf, 132 S., kart. **DM 6,80**/S 59.–

Briefe zu Geburt und Taufe
Glückwünsche und Danksagungen. (0802) Von H. Beitz, 96 S., 12 Zeichnungen, kart. **DM 9,80**/S 79.–

Briefe zum Geburtstag
Glückwünsche und Danksagungen (0822) Von H. Beitz, 104 S., 22 Zeichnungen, kart. **DM 7,80**/S 69,–

Erfolgstips für den Schriftverkehr
Briefwechsel leicht gemacht durch einfachen Stil und klaren Ausdruck (0678) Von U. Schoenwald, 120 S., kart.
DM 9,80/S 79.–

Worte und Briefe der Anteilnahme
(0464) Von E. Ruge, 128 S., mit vielen Abb., kart. **DM 9,80**/S 79.–

Reden in Trauerfällen
Musteransprachen für Beerdigungen und Trauerfeiern (0736) Von G. Georg, 104 S., kart. **DM 6,80**/S 59.–

Lebenslauf und Bewerbung
Beispiele für Inhalt, Form und Aufbau. (0428) Von H. Friedrich, 112 S., kart.
DM 6,80/S 59.–

Erfolgreiche Bewerbungsbriefe und Bewerbungsformen.
(0138) Von W. Manekeller, 88 S., kart.
DM 5,80/S 49.–

Die erfolgreiche Bewerbung
Bewerbung und Vorstellung. (0173) Von W. Manekeller, 156 S., kart.
DM 9,80/S 79.–

Die Bewerbung
Der moderne Ratgeber für Bewerbungsbriefe, Lebenslauf und Vorstellungsgespräche. (4138) Von W. Manekeller, 264 S., Pappband. **DM 19,80**/S 159.–

Vorstellungsgespräche
sicher und erfolgreich führen. (0636) Von H. Friedrich, 144 S., kart.
DM 9,80/S 79.–

Keine Angst vor Einstellungstests
Ein Ratgeber für Bewerber. (0793) Von Ch. Titze, 120 S., 67 Zeichnungen, kart.
DM 9,80/S 79.–

Zeugnisse im Beruf
richtig schreiben, richtig verstehen. (0544) Von H. Friedrich, 112 S., kart.
DM 9,80/S 79.–

In Anerkennung Ihrer . . . ,
Lob und Würdigung in Briefen und Reden.
(0535) Von H. Friedrich, 136 S., kart.
DM 9,80/S 79.–

Erfolgreiche Kaufmannspraxis
Wirtschaftliche Grundlagen, Geld, Kreditwesen, Steuern, Betriebsführung, Recht, EDV. (4046) Von W. Göhler, H. Gölz, M. Heibel, Dr. D. Machenheimer, 544 S., gebunden. **DM 39,–**/S 319.–

Arbeitsrecht
Praktischer Ratgeber für Arbeitnehmer und Arbeitgeber. (0594) Von J. Beuthner, 192 S., kart. **DM 16,80**/S 139.–

Mietrecht
Leitfaden für Mieter und Vermieter. (0479) Von J. Beuthner, 196 S., kart.
DM 14,80/S 119.–

Familienrecht
Ehe – Scheidung – Unterhalt. (4190) Von T. Drewes, R. Hollender, 368 S., Pappband. **DM 29,80**/S 239.–

Erziehungsgeld, Mutterschutz, Erziehungsurlaub
Alles über das neue Recht für Eltern. Mit den Gesetzestexten. (0835) Von J. Grönert, 144 S., kart. **DM 12,80**/S 99.–

Scheidung und Unterhalt
nach dem neuen Eherecht. Mit dem Unterhaltsänderungsgesetz 1986. (0403) Von Rechtsanwalt H. T. Drewes, 112 S., mit Kosten- und Unterhaltstabellen, kart. **DM 7,80**/S 69.–

Testament und Erbschaft
Erbfolge, Rechte und Pflichten der Erben, Erbschafts- und Schenkungssteuer, Mustertestamente. (4139) Von T. Drewes, R. Hollender, 304 S., Pappband.
DM 26,80/S 218.–

Erbrecht und Testament
Mit Erläuterungen des Erbschaftssteuergesetzes von 1974. (0046) Von Dr. jur. H. Wandrey, 124 S., kart. **DM 6,80**/S 59.–

Endlich 18 und nun?
Rechte und Pflichten mit der Volljährigkeit. (0646) Von R. Rathgeber, 224 S., 27 Zeichnungen, kart. **DM 14,80**/S 119.–

Was heißt hier minderjährig?
(0765) Von R. Rathgeber, C. Rummel, 148 S., 50 Fotos, 25 Zeichnungen, kart.
DM 14,80/S 119.–

Erfolgreiche Bewerbung um einen Ausbildungsplatz
(0715) Von H. Friedrich, 136 S., kart.
DM 9,80/S 79.–

Elternsache Grundschule
(0692) Hrsg. von K. Meynersen, 324 S., kart. **DM 26,80**/S 218.–

Sexualberatung
(0402) Von Dr. M. Röhl, 168 S., 8 Farbtafeln, 17 Zeichnungen, Pappband.
DM 19,80/S 159.–

Die Kunst des Stillens
nach neuesten Erkenntnissen · (0701) Von Prof. Dr. med. E. Schmidt/S. Brunn, 112 S. 20 Fotos und Zeichnungen, kart. **DM 9,80**/S 79.–

Wenn Sie ein Kind bekommen
(4003) Von U. Klamroth, Dr. med. H. Oster, 240 S., 86 s/w-Fotos, 30 Zeichnungen, Pappband. **DM 24,80**/S 198.–

Vorbereitung auf die Geburt
Schwangerschaftsgymnastik, Atmung, Rückbildungsgymnastik. (0251) Von S. Buchholz, 112 S., 98 s/w-Fotos, kart.
DM 6,80/S 59.–

Wie soll es heißen?
(0211) Von D. Köhr, 136 S., kart.
DM 5,80/S 49.–

Das Babybuch
Pflege · Ernährung · Entwicklung. (0531) Von A. Burkert, 128 S., 16 Farbtafeln, 38 s/w-Fotos, 30 Zeichnungen, kart.
DM 12,80/ S 99.–

Wenn der Mensch zum Vater wird
Ein heiter-besinnlicher Ratgeber. (4259) Von D. Zimmer, 160 S., 20 Zeichnungen, Pappband. **DM 19,80**/S 159.–

Falken-Handbuch
Umweltschutz
Das Öko-Testbuch zur Eigeninitiative. Sonderteil Radioaktivität: Folgen und Maßnahmen. (4160) Von M. Häfner, 352 S., 400 Farbfotos, 137 farbige Zeichnungen, Pappband.
DM 39,–/ S 319.–

Die neue Lebenshilfe **Biorhythmik**
Höhen und Tiefen der persönlichen Lebenskurven vorausberechnen und danach handeln. (0458) Von W. A. Appel, 157 S., 63 Zeichnungen, Pappband.
DM 12,80/S 99.–

Vom Urkrümel zum Atompilz
Evolution – Ursache und Ausweg aus der Krise. (4181) Von J. Voigt, 188 S., 20 Farb- und 70 s/w-Fotos, 32 Zeichnungen, kart. **DM 19,80**/S 159.–

Neues Denken – alte Geister
New Age unter der Lupe. (4278) Von G. Myrell, Dr. W. Schmandt, J. Voigt, 176 S., 54 Farbfotos, 3 Zeichnungen, kart. **DM 19,80**/S 159.–

Dinosaurier
und andere Tiere der Urzeit. (4219) Von G. Alschner, 96 S., 81 Farbzeichnungen, 4 Fotos, Pappband. **DM 24,80**/S 198.–

Der Sklave Calvisius
Alltag in einer römischen Provinz 150 n. Chr. (4058) Von A. Ammermann, T. Röhrig, G. Schmidt, 120 S., 99 Farbabb., 47 s/w-Abb., Pappband.
DM 19,80/S 159.–

ZDF · ORF · DRS
Kompaß Jugend-Lexikon
(4096) Von R. Kerler, J. Blum, 336 S., 766 Farbfotos, 39 s/w-Abb., Pappband.
DM 39,–/S 319.–

Psycho-Tests
– Erkennen Sich sich selbst. (0710) Von B. M. Nash, R. B. Monchick, 304 S., 81 Zeichnungen, kart. **DM 16,80**/S 139.–

Falken-Handbuch **Astrologie**
Charakterkunde · Schicksal · Liebe und Beruf · Berechnung und Deutung von Horoskopen · Aszendenttabelle. (4068) Von B. A. Mertz, 342 S., mit 60 erläuternden Grafiken, gebunden.
DM 29,80/S 239.–

Selbst Wahrsagen mit Karten
Die Zukunft in Liebe, Beruf und Finanzen. (0404) Von R. Koch, 112 S., 252 Abb., Pappband. **DM 12,80**/S 99.–

Weissagen, Hellsehen, Kartenlegen . . .
Wie jeder die geheimen Kräfte ergründen und für sich nutzen kann. (4153) Von G. Haddenbach, 192 S., 40 Zeichnungen, Pappband. **DM 19,80**/S 159.–

Frauenträume, Männerträume
und ihre Bedeutung. (4198) Von G. Senger, 272 S., mit Traumlexikon, Pappband. **DM 29,80**/S 239.–

Wie Sie im Schlaf das Leben meistern
Schöpferisch träumen
Der Klartraum als Lebenshilfe. (4258) Von Prof. Dr. P. Tholey, K. Utecht, 256 S., 1 s/w-Foto, 20 Zeichnungen, Pappband. **DM 29,80**/S 239.–

Wahrsagen mit Tarot-Karten
(0482) Von E. J. Nigg, 112 S., 4 Farbtafeln, 52 s/w-Abb., Pappband.
DM 14,80/S 119.–

Aztekenhoroskop
Deutung von Liebe und Schicksal nach dem Aztekenkalender. (0543) Von C.-M. und R. Kerler, 160 S., 20 Zeichnungen, Pappband. **DM 9,80**/S 79.–

Was sagt uns das Horoskop?
Praktische Einführung in die Astrologie. (0655) Von B. A. Mertz, 176 S., 25 Zeichnungen, kart. **DM 9,80**/S 79.–

Das Super-Horoskop
Der neue Weg zur Deutung von Charakter, Liebe und Schicksal nach chinesischer und abendländischer Astrologie. (0465) Von G. Haddenbach, 175 S., kart.
DM 9,80/S 79.–

Liebeshoroskop für die 12 Sternzeichen
Alles über Chancen, Beziehungen, Erotik, Zärtlichkeit, Leidenschaft. (0587) Von G. Haddenbach, 144 S., 11 Zeichnungen, kart. **DM 7,80**/S 69.–

Die 12 Sternzeichen
Charakter, Liebe und Schicksal. (0385) Von G. Haddenbach, 160 S., Pappband.
DM 12,80/S 99.–

FALKEN VERLAG

Die Preise entsprechen dem Status beim Druck dieses

Die 12 Tierzeichen im chinesischen Horoskop
(0423) Von G. Haddenbach, 128 S., Pappband. **DM 9,80**/S 79.–

Sternstunden
für Liebe, Glück und Geld, Berufserfolg und Gesundheit. Das ganz persönliche Mitbringsel für Widder (0621), Stier (0622), Zwillinge (0623), Krebs (0624), Löwe (0625), Jungfrau (0626), Waage (0627), Skorpion (0628), Schütze (0629), Steinbock (0630), Wassermann (0631), Fische (0632) Von L. Cancer, 62 S., durchgehend farbig, Zeichnungen, Pappband. **DM 5,–**/S 39.–

So deutet man Träume
Die Bildersprache des Unbewußten. (0444) Von G. Haddenbach, 160 S., Pappband. **DM 9,80**/S 79,–

Die Familie im Horoskop
Glück und Harmonie gemeinsam erleben – Probleme und Gegensätze verstehen und tolerieren. (4161) Von B. A. Mertz, 296 S., 40 Zeichnungen, kart. **DM 19,80**/S 159,–

Erkennen Sie Psyche und Charakter durch **Handdeutung**
(4176) Von B. A. Mertz, 252 S., 9 s/w-Fotos, 160 Zeichnungen, Pappband. **DM 36,–**/S 298,–

Falken-Handbuch
Kartenlegen
Wahrsagen mit Tarot-, Skat-, Lenormand- und Zigeunerblättern. (4226) Von B. A. Mertz, 288 S., 38 Farb- und 108 s/w-Abb. Pappband. **DM 39,–**/S 319,–

I Ging der Liebe
Das altchinesische Orakel für Partnerschaft und Ehe. (4244) Von G. Damian-Knight, 320 S., 64 s/w-Zeichnungen, Pappband. **DM 29,80**/S 239,–

Bauernregeln, Bauernweisheiten, Bauernsprüche
(4243) Von G. Haddenbach, 192 S., 62 Farbabb. 9 s/w-Fotos, 144 s/w-Zeichnungen, Pappband. **DM 29,80**/S 239,–

Neue Medien

Programm und Publikum
Der ständige Versuch einer Annäherung. Beiträge und Reden über das öffentlich-rechtliche Fernsehen.
(0874) Von A. Schardt, 167 S., kart. **DM 19,80**/S 159,–

Computer Grundwissen
Eine Einführung in Funktion und Einsatzmöglichkeiten. (4302) Von W. Bauer, 176 Seiten, 193 Farb- und 12 s/w-Fotos, 37 Computergrafiken, kart., **DM 29,80**/S 239.–
(4301) Pappband, **DM 39,–**/S 319.–

Einführung in die Programmiersprache BASIC. (4303) Von S. Curran und R. Curnow, 192 S., 92 Zeichnungen, kart. **DM 19,80**/S 159.–

Lernen mit dem Computer. (4304) Von S. Curran und R. Curnow, 144 S., 34 Zeichnungen, Spiralbindung, **DM 19,80**/S 159.–

Computerspiele, Grafik und Musik
(4305) Von S. Curran und R. Curnow, 147 S., 46 Zeichnungen, Spiralbindung. **DM 19,80**/S 159.–

dBase III
Einführung für Einsteiger und Nachschlagewerk für Profis. (4310) Von J. Brehm, G. A. Karl, 211 S., 23 Abb., kart. **DM 58,–**/S 460,–

Das Medienpaket
Buch und Programmdiskette „dBase III" zusammen (4312) **DM 98,–**/S 784,–

Garantiert BASIC lernen mit dem C 128
Mit kompletter Kurs-Diskette (4321) Von A. Görgens, 288 S., 4 s/w-Fotos, 83 Zeichnungen, kart. **DM 49,–**/S 398,–

Grundwissen Informationsverarbeitung
(4314) Von H. Schiro, 312 S., 59 s/w-Fotos, 133 s/w-Zeichnungen, Pappband. **DM 58,–**/S 460,–

Heimcomputer-Bastelkiste
Messen, Steuern, Regeln mit C 64-, Apple II-, MSX-, TANDY-, MC-, Atari- und Sinclair-Computern. (4309) Von G. A. Karl, 256 S., 160 Zeichnungen, kart. **DM 39,–**/S 319,–

WORDSTAR 2000
Textverarbeitung für Einsteiger und Profis Mit erprobten Anwendungen aus der Praxis
(4317) Von D. Nasser, 200 S., 9 s/w-Fotos, 3 Zeichnungen, kart. **DM 59,–**/S 469,–

Drucker und Plotter
Text und Grafik für Ihren Computer. (4315) Von K.-H. Koch, 192 S., 12 Farbtafeln, 5 s/w-Fotos, kart. **DM 39,–**/S 319,–

Textverarbeitung mit Home- und Personal-Computern
Systeme – Vergleiche – Anwendungen. (4316) Von A. Görgens, 128 S., 49 s/w-Fotos, kart. **DM 29,80**/S 239,–

Maschinenschreiben
In 10 Tagen spielend gelernt.
Von Unterrichtsmedien Hoppius.
(7008) Diskette für den C 64 und C 128 PC **DM 49,80**/S 448,–*
(Best.-Nr. Ariolasoft: 72631)
(7009) für IBM + kompatible, **DM 79,–**/S 719,–*
(Best.-Nr. Ariolasoft: 78631)
(7010) für Schneider CPC 464, 664, 6128, **DM 69,–**/S 619,–*
(Best.-Nr. Ariolasoft: 74631)
*(unverbindliche Preisempfehlung)
Vertrieb ausschließlich über Ariolasoft.
An Falken gerichtete Bestellungen werden weitergeleitet.

The Grammar Master
Englische Grammatik üben und beherrschen.
(7002) Von Data Beutner. Diskette für den C 64, C 128 (im 64er Modus)
DM 49,80/S 448,– (unverbindliche Preisempfehlung)
Vertrieb ausschließlich über Ariolasoft
(Best.-Nr. Ariolasoft: 72630)
An Falken gerichtete Bestellungen werden weitergeleitet

Lernhilfen

Deutsch für Ausländer im Selbstunterricht
Ausgabe für Jugoslawen
(0261) Von I. Hladek und E. Richter, 132 S., 62 Zeichnungen, kart. **DM 9,80**/S 79.–

Deutsch – Ihre neue Sprache.
Grundbuch (0327) Von H.-J. Demetz und J. M. Puente, 204 S., mit über 200 Abb., kart. **DM 14,80**/S 119.–

Das Deutschbuch
Ein Sprachprogramm für Ausländer, Erwachsene und Jugendliche.
Autorenteam: J. M. Puente, H.-J. Demetz, S. Sargut, M. Spohner.

Grundbuch Jugendliche
(4915) Von Puente, Demetz, Sargut, Spohner, Hirschberger, Kersten, von Stolzenwaldt, 256 S., durchgehend zweifarbig, kart. **DM 19,80**/S 159.–

Grundbuch Erwachsene
(4901) Von Puente, Demetz, Sargut, Spohner, 292 S., durchgehend zweifarbig, kart. **DM 24,80**/S 198.–

Arbeitsheft
zu Grundbuch Erwachsene und Jugendliche. (4903) Von Puente, Demetz, Sargut, Spohner, 160 S., durchgehend zweifarbig, kart. **DM 16,80**/S 139.–

Aufbaukurs
(4902) Von Puente, Sargut, Spohner, 232 S., durchgehend zweifarbig, kart. **DM 22,80**/S 182.–

Lehrerhandbuch Grundbuch Erwachsene
(4904) 144 S., kart. **DM 14,80**/S 119.–

Lehrerhandbuch Grundbuch Jugendliche
(4929) 120 S., kart. **DM 14,80**/S 119.–

Lehrerhandbuch Aufbaukurs
(4930) 64 S., kart. **DM 9,80**/S 79.–

Glossare Erwachsene:

Türkisch
(4906) 100 S., kart. **DM 9,80**/S 79.–

Englisch
(4912) 100 S., kart. **DM 9,80**/S 79.–

Französisch
(4911) 104 S., kart. **DM 9,80**/S 79.–

Spanisch
(4909) 98 S., kart. **DM 9,80**/S 79.–

Italienisch
(4908) 100 S., kart. **DM 9,80**/S 79.–

Serbokroatisch
(4914) 100 S., kart. **DM 9,80**/S 79.–

Griechisch
(4907) 102 S., kart. **DM 9,80**/S 79.–

Portugiesisch
(4910) 100 S., kart. **DM 9,80**/S 79.–

Polnisch
(4913) 102 S., kart. **DM 9,80**/S 79.–

Arabisch
(4905) 100 S., kart. **DM 9,80**/S 79.–

Glossare Jugendliche:

Türkisch
(4927) 104 S., kart. **DM 9,80**/S 79.–

Italienisch
(4932) Von A. Baumgartner, 104 S., kart. **DM 9,80**/S 79.–

Spanisch
(4933) Von M. Weidemann, 104 S., kart. **DM 9,80**/S 79.–

Serbokroatisch
(4934) Von M. Vuckovic, 104 S., kart. **DM 9,80**/S 79.–

Griechisch
(4936) Von Dr. G. Tzounakis, 112 S., kart.
DM 9,80/S 79.–
Tonband Grundbuch Erwachsene
(4916) Ø 18 cm. **DM 125,–**/S 1.000.–
Tonband Grundbuch Jugendliche
(4917) Ø 18 cm. **DM 125,–**/S 1.000.–
Tonband Aufbaukurs
(4918) Ø 18 cm. **DM 125,–**/S 1.000.–
Tonband Arbeitsheft
(4919) Ø 18 cm. **DM 89,–**/S 712.–
Kassetten Grundbuch Erwachsene
(4920) 2 Stück à 90 Min. Laufzeit.
DM 39,–/S 319.–
Kassetten Grundbuch Jugendliche
(4921) 2 Stück à 90 Min. Laufzeit.
DM 39,–/S 319.–
Kassetten Aufbaukurs
(4922) 2 Stück à 90 Min. Laufzeit.
DM 39,–/S 319.–
Kassette Arbeitsheft Grundbuch
(4923) 60 Min. Laufzeit.
DM 19,80/S 159.–
Overheadfolien Grundbuch Erwachsene
(4924) 60 Stück **DM 159,–**/S 1.270.–
Overheadfolien Grundbuch Jugendliche
(4925) 59 Stück. **DM 159,–**/S 1.270.–
Overheadfolien Aufbaukurs
(4931) 54 Stück. **DM 159,–**/S 1.270.–
Diapositive Grundbuch Erwachsene
(4926) 300 Stück. **DM 398,–**/S 3.184.–
Bildkarten
zum Grundbuch Jugendliche und Erwachsene. (4928) 200 Stück.
DM 159,–/S 1.270.–
Maschinenschreiben für Kinder
(0274) Von H. Kaus, 48 S., farbige Abb., kart. **DM 5,80**/S 49,–
So lernt man leicht und schnell
Maschinenschreiben
Lehrbuch für Selbstunterricht und Kurse. (0568) Von J. W. Wagner, 112 S., 31 s/w-Fotos, 36 Zeichnungen, kart.
DM 19,80/ S 159.–

Maschinenschreiben durch Selbstunterricht
(0170) Von A. Fonfara, 84 S., kart.
DM 5,80/S 49.–
Stenografie leicht gelernt
im Kursus oder Selbstunterricht. (0266) Von H. Kaus, 64 S., kart.
DM 6,80/S 59.–
Buchführung
leicht gefaßt. Ein Leitfaden für Handwerker und Gewerbetreibende. (0127) Von R. Pohl. 104 S., kart.
DM 7,80/S 69.–
Buchführung leicht gemacht
Ein methodischer Grundkurs für den Selbstunterricht. (4238) Von D. Machenheimer, R. Kersten, 252 S., Pappband.
DM 29,80/S 239,–
Schülerlexikon der Mathematik
Formeln, Übungen und Begriffserklärungen für die Klassen 5–10. (0430) Von R. Müller, 176 S., 96 Zeichnungen, kart.
DM 9,80/S 79.–
Mathematik verständlich
Zahlenbereiche Mengenlehre, Algebra, Geometrie, Wahrscheinlichkeitsrechnung, Kaufmännisches Rechnen. (4135) Von R. Müller, 652 S., 10 s/w- und 109 Farbfotos, 802 farbige und 79 s/w-Zeichnungen, über 2500 Beispiele und Übungen mit Lösungen, Pappband.
DM 68,–/S 549.–
Mathematische Formeln für Schule und Beruf
Mit Beispielen und Erklärungen. (0499) Von R. Müller, 156 S., 210 Zeichnungen, kart. **DM 9,80**/S 79.–
Rechnen aufgefrischt
für Schule und Beruf. (0100) Von H. Rausch, 144 S., kart. **DM 6,80**/S 59.–
Mehr Erfolg in Schule und Beruf

Mehr Erfolg in Schule und Beruf
Besseres Deutsch
Mit Übungen und Beispielen für Rechtschreibung, Diktate, Zeichensetzung, Aufsätze, Grammatik, Literaturbetrachtung, Stil, Briefe, Fremdwörter, Reden. (4115) Von K. Schreiner, 444 S., 7 s/w-Fotos, 27 Zeichnungen, Pappband.
DM 29,80/S 239.–
Richtiges Deutsch
Rechtschreibung · Zeichensetzung · Grammatik · Stilkunde. (0551) Von K. Schreiner, 128 S., 7 Zeichnungen, kart.
DM 9,80/S 79.–
Diktate besser schreiben
Übungen zur Rechtschreibung für die Klassen 4–8. (0469) Von K. Schreiner, 152 S., 31 Zeichnungen, kart.
DM 9,80/S 79.–
Aufsätze besser schreiben
Förderkurs für die Klassen 4–10. (0429) Von K. Schreiner, 144 S., 4 s/w-Fotos, 27 Zeichnungen, kart. **DM 9,80**/S 79.–
Deutsche Grammatik
Ein Lern- und Übungsbuch. (0704) Von K. Schreiner, 112 S., kart.
DM 9,80/S 79.–
Besseres Englisch
Grammatik und Übungen für die Klassen 5 bis 10. (0745) Von E. Henrichs, 144 S.,
DM 12,80/S 99.–
Richtige Zeichensetzung
durch neue, vereinfachte Regeln. Erläuterungen der Zweifelsfragen anhand vieler Beispiele. (0774) Von Prof. Dr. Ch. Stetter, 160 S., kart. **DM 9,80**/S 79.–

Bestellschein

Erfüllungsort und Gerichtsstand für Vollkaufleute ist der jeweilige Sitz der Lieferfirma. Für alle übrigen Kunden gilt dieser Gerichtsstand für das Mahnverfahren. Falls durch besondere Umstände Preisänderungen notwendig werden, erfolgt Auftragserledigung zu dem bei der Lieferung gültigen Preis.
Ich bestelle hiermit aus dem Falken-Verlag GmbH, Postfach 1120, D-6272 Niedernhausen/Ts., durch die Buchhandlung:

Ex. ____________________

Ex. ____________________

Ex. ____________________

Ex. ____________________

Name: ____________________

Straße: ____________________ Ort: ____________________

Datum: ____________________ Unterschrift: ____________________

FALKEN VERLAG

 Für die Schweiz: sFr.-Preise gemäß Preisauszeichnung in der Buchhandlung